# 找回自己

聖嚴法師——著

FINDING
*way* HOME

# 編者序

現代人身處在多元而混亂的價值體系中，人人都想要尋更多的自由，卻因為一味向外馳求，而不知道原來所有問題的根源出在我們的心，當然更不會知道，其實所有的答案就在自己的心中。因此，如果想要真正徹底解決問題，都必須先回歸自己，回到方寸之間——心。

《找回自己》是聖嚴法師又一本貼近現代人心靈的著作，全書共分四大部分，分別為：「掌握人生方向盤」、「不被自己框住」、「回歸內在的聲音」以及「自我肯定、自我成長、自我消融」。

在探討「心」的這個議題上，聖嚴法師用的不是心理學的理論，卻有著極其細膩、深刻的觀察，往往幾個實例與故事，就不落痕跡地揭露人性幽微多變的面向，卻又能以幽默的智慧化解，為人心找到出路，永遠充滿溫暖的希望。如果不是對人有著極大的慈悲，又怎麼能有如此的寬厚和包容？

而做為當代的心靈導師，聖嚴法師並不像一般的勵志書作者，高談個人的成功與成長。聖嚴法師是以宏觀的角度，從務實面出發，談論整體人類的目標，當全人類有了正確的方向，身處其中的個人，自然就能找到定位，而不會茫然失序。而且個人的成長就是整體人類的成長，個人的成功就是整個社會的成功，個人與全體不是互相對立牴觸，而是相攝相容、圓滿無礙的。如果不是對世間有著透徹的智慧，又怎麼能有如此深廣的視野？

《找回自己》就是這樣一本充滿慈悲與智慧的書，能夠帶領我們找回真正的自己。

本書內容原為《大法鼓》電視節目中聖嚴法師的談話，整理成文稿後曾於《人生》雜誌每月的「人生導師」專欄中連載，非常受到歡迎，早已成為讀者每個月最大的期待。如今集結成書，希望能嘉惠更多讀者，一起來分享聖嚴法師的生命智慧。

法鼓文化編輯部

# 目錄

2

# 不被自己框住

# 3 回歸內在的聲音

# 4 自我肯定、自我成長、自我消融

1

# 掌握人生方向盤

# 找回真正的自我

相信沒有人會承認自己不知道自己是誰。你一定會說：「我就是我啊。」但是你可曾想過，我們所認為的「我」，或者「自我」究竟是什麼？你可能因為從小到現在，大家都叫你這個名字，你也已經聽慣了，就覺得這個名字就是我，我就是這個名字。

你也可能會認為：「我的身體是我，我的家是我，我的思想是我，我的能力是我，我的財產是我，還有我的太太，我的先生，我的孩子，都是我的。」但是在這些話裡，出現的只有「我的……」、「我的……」，就是沒有說出究竟什麼是「我」。

例如：這是誰的身體？是「我的」身體；誰的思想？是「我的」思想；誰的觀念？是「我的」觀念；誰的判斷？是「我的」判斷；誰的鈔票？是「我的」鈔票；都是「我的……，我的……」。

那麼，「我」到底是什麼呢？

事實上並沒有一個真正的「我」！

所以，我們根本不知道自己是誰，因為從小就被外在各種的價值觀念所占有，被物質的環境牽著鼻子走，成為外在環境的奴隸而不自知。為了我的身體、我的財產、我的家人、我的……，又哭、又笑、又歡喜、又懊惱，全都是為了「我的」，沒有一樣事情是為了「我」。這是多麼地愚蠢呀！

仔細想想，我們剛出生時，腦中本來沒有知識、學問，也沒有記憶，但是隨著後天的學習，漸漸地會辨別事物的名字、形象以及數量的多少。

然後又進一步做出諸如——「這對我有沒有好處?對我好不好?」「誰是愛我的?誰是不愛我的?」「我喜歡什麼?不喜歡什麼?」等等價值判斷。而且在長期社會化的過程中,為了讓周遭的人所接納,也漸漸學會了抹滅自己真正的聲音,掩飾自己真正的感情。

於是,口是心非久了,連自己真實的感覺都無法體會,也失去了辨別事物真相的能力。身心往往處在無法主宰、無法掌控的情況之下。

真正的自我,應該是能夠主宰自己,能夠差遣、調配、控制自己的身心活動,自己能夠做得了主,這個才是自我。應該要向東走,就不會往西去;能夠主宰自己的雙手去救人、助人,而不是殺人、不是打人;也能夠主宰自己的心,讓它生起慚愧心、謙虛心,而不是驕傲心、自大心。

可是我們往往易受環境影響而轉變,隨著環境而動搖,以佛教的說法,那是隨「業力」而轉。「業力」簡單地說,就是過去的無量世,一生一生所做的一切善惡,在現世得到的一切結果。

我相信任何人都不希望自己變成環境的附屬品,都希望做一個能夠主宰自己的人；也就是不要隨著業力而轉，這就要靠願心和願力來轉變。否則只有隨波逐流，隨著環境的「風」在轉，隨著別人的腳步起舞，成為環境的附屬品，而不是轉變環境的人。

盡心盡力做自己能做的，學自己應該學的，承擔自己應該承擔的，盡量地付出，從中不斷地修正自己，這就是找回自我最好的方法。

希望大家，也祝福大家：能夠找回自己。

# 不再空虛無奈

現在大部分人的生活，幾乎就是日復一日地上班、下班，好像沒有什麼重心可言，內心常感覺到空洞無聊，即使是看電影、唱ＫＴＶ、打保齡球、登山、旅遊，有種種的休閒活動和娛樂，仍然沒有辦法彌補內心的空虛，也不知道該用什麼方式來解決。

現代人的情況如此，古代人也差不多，我相信未來的人也會有這種情況。可以說這種空虛感，是任何一個時代的人都有的。為什麼會空虛？什麼叫作空虛？

當一個人不知道自己生存在這個世界上的目的是什麼的時候，就會感到空虛。很多人日子一天一天過，好像就是為了把肚皮餵飽，讓身體有地方住，滿足了衣食住行所需，就覺得夠了。彷彿「開門七件事」，就是我們生活的全部。

可是當飯吃飽了，衣服有得穿，房子有得住，也有自己的車子了，日子過得雖然不是最好，但還過得去的時候，就開始思索人生究竟還有什麼呢？如果找不到方向和目標，心中茫茫然的，空虛感就會出現了。

空虛的原因，往往是無聊和無奈。像一條在茫茫大海裡的船一樣，沒有盡頭也沒有方向，又沒有大風大浪的刺激，好像隨便往哪邊開都是一樣，即使不動也無所謂。只是，不動時好像沒事可做，動了又覺得不是自己的方向而感到無聊，最後陷入一種茫茫然的空虛感當中。有這種空虛感的時候，無論是打保齡球、看電影、喝酒、去卡拉ＯＫ、看ＭＴＶ等，各種各樣刺激的娛樂，都不可能給你一種真正落實的安慰感，不過是暫時麻醉了你、刺激了你，讓你的感覺因忙著一件事情而產生移情作用。一旦時間過了，空虛感又會回來，實際上內心永遠是空虛的。

另外一種情況是，當想求的求不到，希望獲得的得不到，一次一次的落空；想要努力又努力不上去，想要往上爬也爬不上去，日子就會過得非常無奈、難過。

曾有人跟我學佛，一開始就說：「師父，我要修行。」

我說：「好呀，你打算怎麼修行？」

他說：「我要出家。」

我說：「好呀，讓你出家。」

出了家以後，他天天希望受戒。於是，我就讓他去受戒。受了戒以後，他又天天希望開悟。偏偏開悟這件事，不容易如其所願。結果，有一天他對我說：「師父，我想我不適合出家，也不適合修行。我覺得很無聊，一天到晚，一天一天地過。我是在家人的時候，也是過日子；出了家以後，也是這麼過日子。還是一樣吃飯、睡覺、上廁所。我現在覺得很無聊，我想我不適合出家，還是回家好了。」

這種人的空虛、無聊，就在於他不斷追求一個比現在更好的東西，可是追求是沒有止境的，因為永遠都有更好的東西在前面。只有追求到最後進了棺材，才會告一段落，因為再也沒有機會了。即使是這樣，臨到死的時候，他還是會覺得空虛，因為：「要的東西還沒有追求到，怎麼就要死了？」

以我個人來說，身為一個學佛的人，我覺得人生非常充實，非常踏實。為什麼？因為我知道我現在所作所為的目的是什麼，也知道我現在接受的一切是為了什麼——這都是因果而來的：現在所得，過去所造；未來所得，現在所作。現在我得到的就是過去的因果，而我現在的所作所為，我的努力，都是為了準備好我未來的方向。

當一個人的生命沒有目的，欠缺意義，生活便會顯得十分空虛，甚至像行屍走肉一般。我曾經說過，人生的目的是來受報、還願的，人生的意義和價值，則是在於奉獻，自利利人、成己成人、增長福慧。

如果真有這樣的體會和這樣的實踐，你的生活或生命，一定不會是空虛無奈的了！

# 忙得快樂，累得歡喜

各行各業，凡是想成功的人，生活都十分忙碌，往往弄得吃也不得安寧，睡也不得安寧。為了名利，一天到晚輾轉在世俗塵勞中。到底我們每天這樣忙碌奔波，為的是什麼？在有限的生命中，我們真正應該追求的又是什麼呢？

而且一般人的觀念都認為：「為誰辛苦為誰忙？」忙忙碌碌一輩子，結果是前人種樹，後人乘涼。人家栽了樹給我們乘涼，覺得很好；我們栽了樹讓人家乘涼，就覺得不划算、不甘願。努力的成果讓別人享受，好像我們就是白費工夫、白忙一場？相反地，對於享受別人努力的成果，卻認為「不乘涼白不乘涼，不吃白不吃」，彷彿這些都是應該得的一樣。

其實，當前世界環境和人類社會所有的一切，都是經過累世祖先努力，所積累下來的。我們繼承了列祖列宗——不僅僅是中國人，還包括全世界所有人類，世世代代的文化與智慧，才能有現在這樣的文明。

我們享受的同時，可曾思考：我們承繼了多少前人的恩澤？得到了多少別人的利益？如果不努力，是不是對不起過去的祖先，以及後世的子孫？

從佛法的立場來看，人生忙碌的目的應該是為了成就功德。所謂「功德」，講得通俗一些，就是我們在生命過程中的成績，那麼，是什麼樣的成績呢？

人一生的生命不過數十年，非常短暫，活動的範圍、能夠接觸到的人和事也是很有限的。但是，如果我們每個人都能努力為社會整體貢獻，就會創造出全人類共同的生命價值，連帶也會創造出我們所處的時代的歷史價值。這就是功德，就是生命的成績。

佛教也認為，我們的生命是無限的。在時間上，有過去無量的生生世世，以及未來無量的生生世世；我們會一生一生地輪迴下去，直到最究竟成佛為止，也就是最終的圓滿。在空間上，我們所處的地球，娑婆世界、三千大千世界之外，還有無量十方世界。因此，我們除了要對現在這一生負責任之外，對於過去無量生所造的種種業力，以及未來世的因緣果報，也要盡責任。而且不僅要對個人盡責，也要對地球上所有的人類和生命體盡責；甚至對地球以外，無量世界中的一切眾生，盡起責任來。

所以，我們必須要努力。除了為自己的前程努力，也為了如恆河沙數那麼多的十方世界一切眾生努力。不僅僅要在我們的世界建設人間淨土，也希望把淨土建立到十方世界去，這樣，我們永遠地忙，永遠地累，都是值得的。

就像佛菩薩是永遠不休息的。我們凡夫工作多了、累了，就想要休假，菩薩卻不會說：「我今天休假！」如果是這樣，那我們念觀世音菩薩豈不是不靈了？事實上我們隨時隨地念觀世音菩薩，觀世音菩薩就隨時隨地都會來加持我們，在臺灣念觀世音菩薩有用，在印度念有用，在美國念也有用；在我們的地球世界念有用，在他方世界念也有用。所以菩薩是處處都去，時時都在，菩薩是沒有休息的。

那麼菩薩成了佛，是不是就應該休息了呢？釋迦牟尼佛在沒有成佛以前，辛辛苦苦地修行；證得佛果之後，也未曾停歇，依舊是辛辛苦苦地度眾生，從恆河的兩岸，東奔西走，過了四十多年「席不暇暖」的日子，一直到他將要涅槃的時候，都還在說法度眾生，也從未抱怨自己的忙和累。

只要能做到「忙、忙、忙，忙得好快樂；累、累、累，累得很歡喜」，用智慧來發光，用慈悲心來發熱，為了成就功德、締造生命的成績而忙，這樣的忙碌就會有意義，就是菩薩的精神。

# 圓滿的生涯規畫

「生涯規畫」這個名詞，現在相當流行，不過一般人所說的生涯規畫，都只著重從生到死的這一段過程，僅就個人有限生命來做規畫，對於如何達到生命的究竟圓滿，就不在規畫的範圍之內了。從佛法的角度來看，所謂的生涯還不僅僅是我們這一生，從生到死短暫的過程，而是延續到永恆的、無限無窮的生命過程。

而且大部分人的生涯規畫都太偏重外在價值，只是在知識和工作的層面上打轉。正確的生涯規畫應該從內在的反省做起，規畫整個生命的品質，找到人生的平衡點，這才是圓滿的人生規畫。

也就是說，真正的生涯規畫應該包括「有形」和「無形」兩種。有形的是外在的、物質的、生活型態的規畫；無形的則是生命內在的、涵養的成長，也就是我們的人格、人品的成長。把外在的和內在的規畫聯合起來，才是我們這一生的生涯規畫。

在談生涯規畫的時候，我也經常提供大家兩個原則，第一要有「方向感」，第二要有「立足點」，立足點與方向感是相輔相成的。一個人如果沒有立足點，就沒有著力處，像是沒有錨的船；如果少了方向感，就像是行船在大海中，沒有指北針指引方向，很容易走入歧途，非常危險。

此外，從懂事開始，我們就應該有生涯規畫。所謂懂事，不是以年齡為準，而是以人的心理和生理成長為標準。也就是說，當我們身心到達成熟的時候，就應該開始為自己的生涯做規畫。

孔子說：「吾十有五而志于學，三十而立，四十而不惑，五十而知天命，六十而耳順，七十而從心所欲，不踰矩。」但孔子講這些話的時候，已經是成熟的大思想家了。一般十幾歲的青少年，並不懂得什麼叫生涯，人生的方向也還不清楚，更遑論規畫了。這時候，需要靠父母、學校、社會以及各種傳播媒體，教導青少年為自己的未來做規畫，告訴他們該如何來因應未來的世界。

幫助青少年規畫生涯，是要引導出他們的方向。所以在教育制度上，也應該依照每個孩子的智能、性向與性格的發展，讓他們了解自己的天分和天資，並依著自己所具備的條件去發展，進一步幫助他們建立正確的人生觀。譬如說：小孩子喜歡畫畫，就讓他朝繪畫方面發展；喜歡音樂的孩子，就朝歌唱或彈奏樂器發展；喜歡寫作的，就讓他朝文藝方面發展。

至於成年的人在做生涯規畫，情形也是一樣。一方面要了解自己的內在才能，也要了解自己的外在資源。一旦清楚自己的才能傾向，以及外在資源的多寡，就能找到人生的方向，做好生涯的規畫。

當然，每個人的體能、智能不同，環境、教育條件不一樣，所以並不是在什麼年齡，就一定得要做什麼，生涯規畫也不一定要跟別人一樣。但是至少一定要有方向感，這樣才會知道自己努力的方向、未來要往哪裡去。

# 方向感

「建立生命的方向感」是我這幾年所積極提倡的一個觀念，我經常在許多對年輕人演講、談話的場合中，提到這個觀念。

其實不一定是年輕人，中年人、老年人也都應該要有方向感。因為中年人若沒有了方向感，很容易面臨「人到中年百事哀」的困境；老年人沒有了方向感，則容易陷入一種末日將至的恐懼當中。

因此，在我們的一生當中，一定要不斷提起自己的方向感。有了長遠的生涯規畫，人生才不會茫然無依、誤入歧途。

所謂生命的方向，其實就是生命的目標；首先要確立主要方向，次要的目標、次要的方向才不會有偏差。主要的目標確立之後，所有次要的目標，都必須在這個方向內進行。工作可以改換，職業可以更易，工作的環境也可以變動，唯一不變的就是要朝這個方向努力。如果我們沒有一個主要的、永遠的大目標，便很容易迷失方向。

在實踐的過程中，還必須時時以主要目標，做為修正的準繩。例如說你最大的目標是要為國家社會謀福利，結果因為害了人以後可以得到一筆非法之財，或是做了某件壞事以後，可以擁有很大的權力，這樣的事能做嗎？當然不能做，因為這是違背了你自己所設定的大目標。

那麼，該如何決定我們的目標呢？

要以自己所具備的條件，再加上所處的環境以及時代背景，來決定方向。我們不一定要做一個偉大的或是成功的人物，但必須要能夠培養完美的人格，以及安身立命。其中身心的平安，應該是最重要的目標。

很多人常常誤會方向感的意思，以為方向感就一定要做什麼大事。這樣的決心固然很好，可是環境不一定許可你完成。譬如你想要賺大錢，或是想要成為一個大企業家，這雖然很好，但是錢賺不成的時候，大企業家做不成的時候，也還是要活下去，不能因此失去生命的目標。更何況無論是賺錢，或是成為企業家，都不應該是生命真正的方向。

真正的方向應該是：一生當中不要違背自己的身心安定、健康、安全和大眾的幸福，這才是人生的大方向。

以我來說，由於我了解自己的能力，也知道我應該做什麼、不應該做什麼，所以我不會迷失方向。如果有人邀我去做其他和我的方向背道而馳的事，就算開出很好的條件，我也不會受到誘惑，因為那不是我的方向。

毅力對方向感的確立則是非常重要，一旦決定了方向以後，就不要再朝三暮四、三心二意。雖然人生的道路有種種的阻礙、困難，但只要我們的方向不變，再怎麼艱難的路，不管是大路還是小路，終究會走出一條自己的路。

# 不再空虛的人生

目前一般人的物質生活，基本上是不虞匱乏的，但是這並不代表我們的生活內涵也因此而提昇。畢竟我們是人而不是動物，動物只要滿足了本能，牠的生命也就完成。可是我們人不只是這樣，如果人的存在僅是為了滿足本能，那我們跟其他的動物有什麼不一樣呢？

現在整個世界都在追求物質的滿足，可是物質生活只能讓我們的五官得到刺激、麻痺，而不能讓我們的心靈得到淨化，也不能讓我們真正感到充實。因為物質的享受和刺激，都只是暫時的，一時間可能得到一些安慰，過了以後就會覺得空虛。不少人為了彌補精神上的空虛，只好去花天酒地，從此投入聲色犬馬、燈紅酒綠之中。

就這樣，一個人從生到死，由於空虛而追求滿足，一面追求，一面又感到空虛，因為空虛，又再追求滿足，但卻更感到空虛。就這樣周而復始，惡性循環下去。直到臨命終時仍是充滿無奈、空虛和悲哀！對做為一個人而言，是非常遺憾的事！

所以要提昇生活的內涵，使我們的精神生活不至於貧乏，必須從淨化自己的內心做起。但是僅僅在口頭上談生活內涵，那是紙上談兵；如果不能真正充實我們的精神生活，都不過是空虛的。

那麼，要如何提昇生活內涵，達到精神滿足呢？

有的人用藝術修養來提昇自己，也有人用思想或哲學來充實自己。可是就算是一流的畫家、思想家、學者，當他們在作畫、看書、教書或在欣賞藝術品的時候，也許心中是滿足的；在想像推論的時候、在寫文章的時候，或者在滔滔不絕辯論的時候，好像自信滿滿，滿充實的，可是一旦離開了這些，還是會感到空虛。

我們都聽過「高處不勝寒」、「時不我與」、「前不見古人，後不見來者」這類話，可見哲學家也有哲學家的寂寞，偉大人物也有偉大人物的寂寞。既然有寂寞感，就表示他們的生活並不是真正充實。

從宗教的觀點來看，唯有宗教的信仰和宗教的修持，以及宗教生活的體驗，才是人類精神生活取之不盡，用之不竭的寶藏。人生才不會空虛，也不會感到寂寞。

以我個人來說，雖然現在我是身無長物、孤單一人，表面上看起來好像很空虛，但是當我心中念佛時，佛就和我在一起；當我心中念菩薩時，菩薩就在我面前。同樣地，當我心中想到眾生時，眾生就跟我在一起；當我想到西方極樂世界時，當下我就如同在西方極樂世界了。如此一來，當然就不會感到空虛和寂寞。

雖然人的生命是很脆弱的，我們的時間、體力往往也不夠用，可是就是因為生命太短暫，能力也不足，所以更要充分地、積極地奉獻自己。如果能夠具備宗教的信心，那就更好了。但這個信心並不是虛無空洞的，而是透過自己的實踐與深刻體會得到的。

所謂實踐，以佛教來說，就是學習佛菩薩們付出和奉獻精神；而在學習付出奉獻的過程中，人的生命便會因此獲得充實。

# 人生的目的、意義、價值

在汲汲營營、忙忙碌碌的生活中，你可曾想過人生在世的意義和價值究竟是什麼？是來吃飯的？穿衣服的？還是來賺錢、求名、與人爭鬥的？很多人就是在貪生怕死、貪名求利、你爭我奪中，一天一天過下去。

看到大家要的我也要，大家不要的我也不要。以為很多人都要的，那就一定是好的，所以搶著要，但是從來不去思考，自己是不是真的需要。反正大家都要的我就要，大家都不要的就立刻把它丟掉，因為既然大家都不要，我還要它做什麼？

就像螞蟻一樣，通常只要一隻螞蟻嗅到了有味道的東西，其他的螞蟻通通都會圍過去。可是這不是人的行徑。人應該有「我要的不一定是人家要的，人家要的不一定是我要的」的觀念，這才是真正獨立的人格。可是，一般人多半喜歡跟著別人起鬨，這是很悲哀的一種現象。

一個人如果活著而沒有目的，一定會非常空虛，覺得生命沒有價值，像行屍走肉一般，那又何必活受罪？不僅生存本身變成多餘的，而且也白白浪費世界許多的資源。

但是生命一定有它的原因，也一定代表某些意義。它的目的是什麼？最後會到哪兒去？又會成為什麼呢？

以佛教的觀點來看，人生的目的，凡夫是來受報還債，佛菩薩則是來還願；如果知道人身難得，能夠知善知惡、為善去惡，人生就有了意義；如果又能進一步積極奉獻、自利利人，這就是人生的價值。

所謂「受報」是：我們必須要為我們所造的、所做的、所想的、所說的行為負責任。我們的生命，無非是自作自受；過去世造的因，以及這一生的善行、惡行，結合成現在這樣一個人生，便是生命之所以存在原因。

但是僅以一生短暫的時間來看，很多現象看似不公平，也沒有辦法解釋。譬如有的人在這一生非常努力，但就是不成功；有的人並沒有這麼努力，卻一帆風順，左右逢源。表面上看起來很不公平，其實這要追溯到過去世，以及一世一世、無量的過去世之中，我們曾經所造的種種行為，尚未受報的就可能在這一生中受報，也可能在未來生才受報。而我們所做的種種行為，有好的，也有壞的，造好的業受福報，造惡的業就要受苦報。

至於人生的價值是什麼？很多人認為人生的價值就是有錢、有地位、有名望、讓人家看得起。譬如，在外面做了官，衣錦還鄉，讓家鄉的親人、鄰居、朋友都風光一下，不但表現了你的個人價值，地方上也因你而有了光彩。但這是不是真正的價值呢？

真正的價值應該不在於顯耀家族的虛榮，而是在於你所做的實質貢獻。如果你是投機取巧、巧取豪奪而得到的名利權勢，即使一時間很風光，也沒有真正的價值可言。因為這個價值是負面的，造的是惡業，將來是要受報償還的。

因此我們可以說：有多少奉獻就有多少價值。比方說，我這個人有什麼價值？我在這一段時間裡為大家說佛法，這就是我的價值。如果這一段時間中，我在睡覺、吃飯、和人家吵架，那就沒有價值了。人生的價值必須建立在對人有益，而且對自己的成長也有幫助上。

雖然我們凡夫是來受報還債的，但是也不妨學習佛菩薩的精神，為自己的人生發一個願。這個願可大可小，可以小到只是許願：「我這一生之中要做個好人。」許願自己在這一生中，不做壞事、不偷懶、不投機取巧，盡心、盡力，盡自己的責任。即使這一生做不好也沒有關係，因為還有來生可以努力。這樣的人生，就是有價值、有意義，而且充滿希望的。

# 人生的願望

每個人小時候都有許多的夢想、許多的心願，常常想：「我將來要……。」但是長大後，夢想是否兌現了呢？一旦遇到生命的困頓時，便會有疑問：「為什麼我要被生下來？讓我活著好痛苦！好辛苦！」

如果以佛法的角度來看，不是父母一定要生下你，而是你自己要來的，來的目的，就是為了還願、許願。在我們短短的一生之中，經常會為了某件事而向某個人許願、承諾，這樣的許願和承諾，無量生以來不知道有多少。所以佛法認為，我們過去許願，這輩子還要再來許願；而過去許的願，尚未實踐、尚未兌現的，也要在這一生或未來生還願。

或許有人會說：「那是你們佛教徒的生命意義、生命目的。我不是佛教徒，為什麼也要把許願、還願當作我的生命目的呢？」的確，一定有人會有這樣的疑問，甚至連佛教徒也會這麼認為。

換一個角度來看，「許願」和「還願」其實就是我們對生命的承諾；即使沒有學佛的人，也會重視人與人之間的承諾，更何況是自己對自己的承諾。如果你曾經想過：「如果我能夠……的話，我就會……。」或者是：「但願我能……，那我就要……。」有一些是有對象的，有一些是沒有特定的對象，那不就是一種許諾？一種許願嗎？

一個人只要對前途充滿希望，認為前面有路可走，就一定有他自己的志願和期待，那就是許願。許願之後就會不斷努力來還願，一個願完成了，還會繼續許下一個願。如果這個願是為了他人著想，不僅僅是為了自己，這個人的人格一定很健全，而且不論大願、小願，都會有成就，也會活得很有方向感、很有意義。

以我自己來說，因為小時候家裡很窮，父母沒有足夠的衣服、食物、錢來養育孩子，有時甚至根本沒有，所以我的母親總覺得對不起孩子們。當時我就許了個願，說：「媽，沒有關係，雖然我們現在很窮，但是等我長大以後，我一定會賺很多、很多的錢給你們用。到那個時候，媽媽就不要再說窮了。」

我一直記得自己發過的願，可是到現在為止，我始終沒有機會兌現。我要如何彌補這個遺憾呢？我只有奉獻自己給一切的人、一切的眾生，藉著幫助其他的人，來表示對父母的紀念或懷念。這就是「還願」。

為了許願和還願，人生必須負責、盡責。

負責任是一種健康的觀念，因為當一個人願意負起責任，完成工作或任務的時候，就有機會認識自己的能力，從中獲得對自我肯定。一個不負責任的人，不容易自我肯定；而一個不能肯定自己的人，往往會失去生存的目標和意義，他的心理一定不健康，心情也必定不會很愉快。

在生命過程中，我們每個人都必須扮演好幾種不同的角色。在家裡你可能同時為人子、為人夫、為人父，或是同時為人女、為人妻、為人母；到了工作場合，又是個工作人員；在學校，可能是個老師，也可能是個學生。

不同的角色代表不同的責任，善盡自己的責任就是人生的意義，就是最好的還願和許願。

# 找到生命的價值

經常有人向我訴苦，說他們自己這一生好像是白活了！不但經常是在胡思亂想之中，體會不到活在當下的自在；更嚴重的是，心裡常有一種悶悶的、被蒙蔽的感覺，每天活得麻木不仁、行尸走肉一般，找不到生命真正的價值！

要活出生命真正的價值，就要看我們怎麼使用生命；生命只要被使用，就會有價值。不過，價值有正面的，也有負面的。

在創造生命的價值，發揮生命的意義之前，先要了解構成生命價值的要素，基本有三種現象：第一是思想現象，第二是語言現象，第三是身體的活動現象。佛教將這三種現象稱之為「三業」：身體活動的行為叫作「身」，語言的行為叫作「口」，思想的行為就是「意」。生命的價值是正、是負，就要看我們如何運作這三種現象，怎樣使用這「三業」。

所謂「負面」的生命價值，就是在品德、人格方面成長得不夠，對飲食、男女等生存的物質需求與欲望較強，這是屬於動物本性的、獸性的表現；一旦這部分的欲望比較強，精神層次就不容易提昇。

至於「正面」的生命價值是什麼呢？就是具備且發揮了做為一個人應有的行為，包括：倫理道德、人際相處間的互助與尊重、理性與思想。尤其是第三項，人之所以可貴，就因為人是理性的，會思考，有思想。

老虎吃人，牠只要覺得想吃，就隨時隨地想辦法去吃，並不需要有什麼想法，只要牠想吃，牠是不會去考慮人能不能吃？雞能不能吃？如果人類沒有思想，做出來的事、說出來的話就很容易和動物一樣。

所有的動物裡，只有人有思想，為什麼不好好運用這種優點，讓自己的人生過得有意義呢？加強人之所以為人的部分，生命的正面價值就能夠呈現出來。

不妨靜下來看一看自己：「我的腦中所想的，是道德的，還是不道德的？是合理的，還是不合理的？是有用的，還是沒有用的？是實際的，還是不切實際的？」只要經常反省，便會發現：平常我們腦中所動的念頭，沒有用的比有用的多，不道德的比道德的多，負面的比正面的多。

但是，有些人會把心思用在另一方面，結果變成了心機。例如：明明心裡很生氣，已經在罵人、恨人了，但是嘴巴上不說出來，連臉上表情和行為上也不表現出來；或是原本想講什麼，在頭腦裡過濾後，為了自己利益，反而說出相反的話，讓別人都誤以為他是好人、是君子、是可靠的人，其實他心裡面想什麼，沒有人知道。

如果思想是用在這個方面，那也不好。我們不是要在表面上做個好人，做個君子就夠了，最重要的還是要體察我們的內心，改變我們的內心，才能夠真正發現生命的意義，發揮生命的價值。

# 享受人生，珍惜人生

許多人認為享受人生就是吃喝玩樂，如果真的是這樣，那麼所有的動物也都會吃喝玩樂，那人不就跟動物一樣了嗎？那不叫作享受「人生」，而是享受「動物的生命」，糟蹋人生。

人的生命過程只有短短幾十年，如果把一天二十四小時分成三等分，每天工作八小時、生活八小時、睡覺八小時，生命之中真正能運用的時間其實是不多的，甚至可以說是太少了。就算活到一百歲，也有一半以上的時間花在睡覺、吃飯上。

吃喝玩樂是動物的本能，雖然人也是動物，但人不僅僅是動物，還有身而為人的責任和義務，應該要好好把握和珍惜我們短暫的人生。因此，懂得把握我們所擁有的時間、環境條件，好好地運用它，發揮最高效用，那才是真正懂得享受人生的人。

但是對於一些只顧眼前利益的人，我們又會覺得：「這個人好現實喔！」對他有利益的事，才會幫忙，對他沒有利益，或跟他沒有關係，他就不參與、不幫忙，那是由於對方過於自私、短視。

如果能把心量放大，觀念轉變一下，以眾人的利益為考量點，把現實轉成「實際」。珍惜現在，珍惜當下的生命，珍惜所有的時間，珍惜自己的環境，為增進社會大眾的福祉而努力，這樣的「現實」是不壞的。

可惜我們很多人是在憂慮、悔恨和驕傲之中過日子；或是活在幻想和回憶之中，沉醉在過去的豐功偉業中，緬懷自己曾經如何如何，做過什麼事，在什麼地方得意過。也有的人將生命的重心完全寄託在孩子身上，期待孩子有成就，以便炫耀自己的孩子怎麼聰明、怎麼伶俐。

人和人之間談論的往往也就是這些。成天和朋友東拉西扯，當面談不夠，還又繼續打電話談，一天的生活往往就這麼過去了。這究竟是享受人生，還是糟蹋人生呢？

我們何不利用這個時間來與人為善、做義工、為社會服務、對人群關懷？那麼，我們不僅盡到做人的責任，也不會把時間浪費掉了。

但是珍惜時間並不等於拚命工作，而是需要完成工作的時候就全力以赴，該用頭腦思考的時候就用心規畫，需要休息的時候還是要休息，該放鬆時就放鬆，恰到好處地安排好。

祝福大家享受您的人生。享受人生就要珍惜人生、珍惜當下，每一秒鐘都不要浪費。因為人生苦短，每一秒鐘都是可貴的。社會整體的資源是由我們每一個人的資源累積出來的，我們每個人掌握現在、珍惜現在，就可以增加很多的資源，無形中也就為社會累積了無數的資源。

# 2

# 不被自己框住

# 執著和固執

我們常說堅持己見的人太執著，到底什麼是執著？執著與固執又有什麼不同？執著又有什麼不好呢？

固執的意思就是堅持自己想法、作法是最對的，一旦決定之後，任何人都不能夠改變他，也不願意接受別人的建議，這就是固執己見。

執著的意思是放不下，非常在乎、介意自己的想法與看法，或自己的立場、態度以及身分；只要是與自己相關的任何事、任何物、任何人，乃至於任何觀念，你都很在乎的話，那就是執著。

表面上看來，固執和執著好像一樣，但是執著不僅如此。執著是心中放不下的牽掛，有的是牽掛著愛情，有的是牽掛著名位，有的是放不下名利權勢；有時候雖然沒有特別的對象和原因，但就是對任何事都非常在乎，包括在乎自己帽子戴得怎麼樣？頭髮梳得怎麼樣？臉上長了什麼東西？只要跟自己有關係的事情都非常在乎。

過度的執著甚至是一種非常痛苦的病症，因為樣樣東西都很在乎的人，他的精神一定經常處在緊張狀態中，沒有辦法放鬆休息。

以佛法來講，執著又叫「我執」，一切以自我為中心，而且非常在乎自己的利害得失。他不僅在乎自己的存在，或者不存在；還在乎別人對他的想法，對他的價值判斷，也會非常希望別人知道他。對於他所關心的人，他也會非常在意，在乎那個人到底是個怎樣的人，在乎他身上發生了什麼事，在乎他變成什麼樣子。

譬如說，如果一個做母親的，總是對她的孩子不放心。孩子小的時候她不放心，或許還有道理，可是當他都已經長大成人，結了婚，甚至也生了孩子了，這個母親還是把他當成小孩子一樣看待，隨時隨地擔心著不說，還想掌握他在做什麼、想什麼，這就叫作執著。

我有一位在家弟子，從小和母親相依為命，都已經五十多歲的人了，她的母親還是把她當小孩子看，她只要出去一、兩個小時，沒有打電話回家，做母親的就會到處打電話找她，弄得她很痛苦。後來，她只好把母親送到老人院去；看起來雖然好像很殘忍，但是從另一個角度來看，她也有不得已的苦衷，而且可能對兩人都比較好一點。

另外，有些人認為「擇善固執」也是一種執著，其實兩者間還是不一樣的。

執著，是一種過分的在意、在乎和擔心，會讓我們像根緊繃的弦，不能放鬆，結果自己痛苦，周遭的人也跟著痛苦。

「擇善固執」則是朝著正確的信念，堅持自己的方向和願力，並且以意志力——毅力、恆心和決心來完成，這和執著是完全不同的。如果非得要說這也是執著，至少這是一種好的執著。

我們每個人的生命不能沒有目標，不能沒有方向感，如果能以意志力，持久朝著自己的方向，持久地讓自己努力，持久地堅持自己的心願，便能夠將生命導向積極成長的路。

# 堅持的是原則還是偏見？

待人處世的過程中，「堅持原則」本來是正常的，問題是：你所堅持的究竟真的是原則？還是自己的偏見？

如果對任何事都堅持自己的想法才是對的，堅持要用自己的作法。只管自己，別人的建議和商量，都不願意接受，也不願意為任何人改變，不替別人設身處地著想，到最後可能於人於事都會造成傷害。你以為這是堅持「原則」，其實不是！你所堅持的，不過是個人的偏見，這就是「我執」。

堅持原則，是指自己所堅持的，也會為其他人所接受；不僅現在的人可以接受，未來的人也可以接受，甚至過去也曾經被人接受過，這才叫作原則。

做人有做人的原則，做事有做事的原則。做人的原則首先要「保護自己」，可是保護自己並不表示要傷害他人；考慮自己的同時，也要尊重他人，自己受益，也希望對他人有幫助，秉持彼此互惠互助的立場，這種原則才是對的。

做事的原則，應該要以大多數人的利益為考量，如果所堅持的原則，是出於自私或為了少數人，或貪圖一時的方便，這就是偏見，就是執著。

但許多人經常分不清到底是「擇善固執」，還是把個人的偏見當成了原則？其實，只要觀察別人對這件事情的觀感，就能判斷出究竟是偏見還是原則。

如果你的想法和作法，讓每個人都覺得受不了、很痛苦，每個人都覺得那是錯的、有問題的，只有你認為是對的，那很可能就是偏見。能夠符合每一個人或是多數人共同的想法和意願，那才是原則。

原則並不是一成不變的，它會隨著時間或區域環境的不同而有所改變，唯一不變的是：一定是為眾人著想，能夠為大家所樂於接受的。

執著偏見的人，就是我執太重。我執會帶給我們很多煩惱，因為自我意識太強，自我中心太堅固，就會堅持自己的性情或想法，全身如同刺蝟般長滿利刺，「稜角」很多，動則傷人，而無法圓融待人。

所以有人說「做人處事要內方而外圓」，「內方」就是原則，「外圓」就是不傷人。雖然在心裡有一定的標準，可是當需要變通的時候，也不要執意不變，食古不化。必須要有一些善巧方便，觀念想法適時地轉一個彎、換個角度，或是多用同理心、柔軟語，這樣才不會讓人覺得你很難相處，事情才容易成就。

時時提醒自己「內方外圓」的原則，也是化除我執的方法之一。更進一步說，如果我們能夠放下我執，不以自我為中心，任何事情都能看得開、看得淡、放得下，而且能夠包容所有的人、所有的事，自然而然就不會有偏見，當然就沒有煩惱了。

# 積極的人生

積極是一種很重要的生活態度。積極跟消極是相對的，如果不積極，就會變成消極。

什麼叫消極呢？消極是得過且過，有也好，沒有也好；死也好，活也好。有人說：「這個社會太緊張忙碌了，我不想過這樣的生活。反正我的要求不多，只求有一口飯吃就好，幹嘛跟大家一樣勞碌呢？流浪漢不都是這樣過日子嗎？」有這種想法的人就是消極的。

消極的人生觀，是灰色的，是沉悶的。對個人而言，會扼殺成長的機會；對社會而言，則是增加社會大眾的負擔，這是連做人的基本責任都不顧了；因此，我當然是贊同積極的人生。

不過，追求積極的人生，是一門大學問。很多人認為積極的意思就是，努力追求成功，不外乎找一份滿意的工作，有很高的收入、響亮的名氣，希望獲得名利、財富的享受，彷彿人生值得追求的就是這些東西。

一個人如果沒有努力的目標，的確很容易就喪失生命的原動力，而一般人的努力，無非是追求名、追求利、追求權、追求勢、追求位。其實，追求的本身並沒有錯，更不是罪惡，問題是在於追求的過程中，是不是不擇手段，有沒有傷害到別人，或是傷害了自己的品德？

又如果，雖然很努力地追求，目標卻愈來愈遠，這時候該怎麼辦？是不是還要追求？是不是非要得到它不可？

積極的確是很好，可是在追求的過程中，如果太在乎目標的達成，往往會忽略自己所處的環境因緣，忽略周遭別人的感受。所以，除了積極的追求之外，還要常保平常心。能夠得到固然非常好，即使不能得到，那是因緣不具足，不必那麼難過。所以進取心、積極心要有，但是得失心最好少一些，一切「盡其在我」就可以了。這樣子，生活才會過得比較愉快，也不會因為自己的積極，而讓他人受到傷害。

所以說，積極是一種態度，本身並沒有對錯，如果動機不純正、目標不對，或是為達目的不擇手段，這種積極才是不對的；或是目標達成後就得意洋洋，目標達不成就痛苦萬分，這樣的積極就是錯的。唯有當目標正確，作法正確，積極就會成為一種優點，會為自己、為他人帶來快樂。

這道理聽起來像是「只問耕耘，不問收穫」，其實兩者還是有一點不同。「只問耕耘，不問收穫」這個觀念是正確的，但是態度有一點消極。積極的態度，應該是在耕耘之前，做好更多的準備，譬如哪一種耕耘的技巧最好？市場上有沒有這個需求？有沒有通路？市場上消費得完嗎？消費不了又該如何處理？等等問題。詳細考慮之後，耕耘的結果，才容易和我們的預期相符。在考慮清楚之後，動手去做，如果達不成目標，也不需要難過，這才真的是「只問耕耘，不問收穫」。

那麼，要如何培養積極的心呢？首先要訂定目標，因為有了目標，生命才有方向。這個目標最好是「少為自己，多為別人」，譬如現在地球的環境充滿危機，我們可以思考一下能做些什麼？你可以利用空餘的時間，投入環保工作，也可以只在自己家裡，或附近的環境，做一個小小的環保義工，這都是十分有意義的。

像這樣，將自己推向一個好的方向，劍及履及地去完成它、實現它，你就會覺得自己的人生有目標、有意義，這就是積極人生的真義。

# 改變時不違常理

我們常說做事要講求常理，也要合乎常情。所謂「常」，就是經常的意思，而「常理」，就是通常的道理。中國宋朝的大儒家陸象山先生曾說過：「東海有聖人出焉，此心同也，此理同也。西海有聖人出焉，此心同也，此理同也。南海北海有聖人出焉，此心同也，此理同也。千百世之上有聖人出焉，此心同也，此理同也。千百世之下有聖人出焉，此心同也，此理同也。」意思就是說，人不分種族，不論是東方或西方、南方或北方人，人就是人，人心的需求，品格、道德的標準，人之所以為人的準則，都有一定的常規，這就是常理。

此外，在歷史文化發展中所產生的觀念、觀點，也是常理；而且不僅我們的民族、國家有，其他任何一個民族、國家、社會，也都有他們一定的常理。這都是做人做事、思考判斷時的參考和依據。

個人的意見和看法雖然重要，但由於時代、環境的不同，以及個人身心狀況的不同，每個人的判斷、所認為的道理，可能都不一樣，隨時隨地都會改變；而且或許他認為對的，偏偏就和我們一般所認同的常理相衝突、相違背。

如果社會上偶爾會出現個人化的、異乎常情的看法和意見，倒是可以用諒解的角度來包容，因為他既然能夠提出這樣的看法，一定有他的立場和道理。而且一個社會在發展的過程中，很可能會僵化或偏離常軌，這時候就需要一些不同的刺激。

個人意見未必是不好的，因為沒有改變，社會就不會進步；即使這個意見是錯的，也可以讓社會大眾受到一些刺激和反省，進一步認識到：原來社會上還有這樣的人、還有這樣的想法，我們大家應該幫助他，或者反省我們的社會有沒有偏離常理。所以，雖然個人的意見不合理，能夠提出來，對於整個社會而言，還是有正面積極的影響。

所以在民主社會裡，我們有權講出自己的看法，也要不吝於提供自己的意見，但是當我們的提議被擱置，或不被採納時，還是要有繼續參與的雅量，並且服從大多數人的意見，依循這個社會和團體的常理常情。不能因為有人不接受我的意見，就要破壞他、推翻他，革他的命！如果非常堅持個人的意見，強烈凸顯自己，就是違逆常情、常理，甚至會破壞整個社會的和諧。

想想看，如果家裡有這種人，家庭一定不會和諧，很容易破碎。相同地，團體中如果有一、兩個這樣的人，麻煩、是非就會增多；不但阻礙了進步，還可能因此解散，這是非常可惜的事。

個人的意見，是所謂的「我見」、「主見」。個人的意見是要提供，但不要堅持，不要一副「不接受我的想法，我就跟你拚了」的架勢；本來大家還可以和諧共處，一拚之下兩敗俱傷，不僅不能成長，反而製造更多的混亂。

如果真的想要改善一個社會或團體，除了提供意見的幫助之外，同時還要適應別人不同的意見和作法，逐步慢慢地調整，這才是最好的一種方式。

# 放下真理，真自由

很多人一輩子為了追求真理，不惜上窮碧落下黃泉，皓首窮經、遍訪明師，而且還說：「吾愛吾師，吾更愛真理。」好像真理代表了一切。但是，這個世界上，真的有所謂的真理嗎？堅持真理算不算是執著呢？

其實，在我們平常生活中很容易就可以發現，今天大家認為的真理，到了明天，可能就成了妄言。西方人的真理，也不一定是東方人所認同的。即使是強調智慧與真理的哲學或宗教，也是讓人莫衷一是；特別是宗教，往往這個宗教認為是真理，另一宗教卻認為是魔。

從歷史上來看，任何觀念、思想或原則、方程式，都只是在某個時段中，暫時被大多數人認為是對的，過一段時間，有另一個更新的、更好的觀念，或更好的方法出現時，原有的思想觀念或方法原則，就會被淘汰了。例如從古希臘一直到近代、現代、後現代，哲學領域中就有相當多不同的學派，各有各的理論和說法，這些思想就像「長江後浪推前浪」般，隨時代環境的變動而不斷地變化。

因此，所謂的「真理」，其實不過是個假象，只能說是目前最趨近於真的，但卻不是永恆的、永遠的、絕對不變的，而是會隨時空變化而改變的。所以，我們這個世界根本不可能有絕對不變的真理；既然沒有不變的真理，就更不應該執著。

即使佛教徒對佛法也是如此。《金剛經》有一個「船筏」的比喻，意思是說：藉著船筏的承載可以過河，可是一旦過了河，就必須放下船筏才能上岸，如果一直想待在船上，就永遠無法上岸。

這是說，佛法就好比過河的工具，對尚未過河的人而言，要讓他執著佛法，依佛法所說的去修行。但對已經將佛法運用得很好的人，就要教他放下。佛法所講的「真正的解脫」，是要連佛法都放下、都不執著。

當然，對還不懂得佛法，還不會修行的人，佛教徒會告訴他：「佛法是最好的，佛法是真理。」可是對佛法已經有相當體會的人，就要了解到：佛法也只是一個方便法，而不是讓你絕對、永遠執持不放的原理原則。

譬如佛法中「常樂我淨」或「苦集滅道」等生、老、病、死的道理，起初我們把它當成真理、定見執持著，可是一旦運用這些真理幫助了自己，也幫助他人之後，就應該把它放下，才會得到真正的解脫。

或許有人會問：如果學佛的人連佛法都不執著，會不會心無定見，是非不明、好壞不分？

不會的！這樣的「不執著」，是已經歷經過「執著」的過程。放下之後並不表示沒有想法，只不過這已經提昇到另一個層次，而是以整體眾生的想法為想法，以當下環境的需求為需求，以整體的意見為意見。

當你追求真理之後，又能將所追求的放下，而不執著一個非如何不可的真理，那才是真正的自由！

# 花開花謝，不執著

世間的萬事萬物，不論是山川大地、環境中的任何事物與現象、我們的身體、思想、心理反應等，都是在不斷地變動之中，沒有一樣是永恆不變的，甚至包括所謂的原則、真理，也會隨著時空的不同，而階段性的有差異。到了該改變的那一刻，應該要放下的就要放下，不需執著。

但是要做到不執著談何容易，該如何去除執著呢？不妨試著從理性的分析，和對自己身心的體驗，來練習去除執著。

所謂理性的分析，就是用「因緣」的觀念，來理解事物的真相。因緣是指一切的現象，不論生理的、心理的或自然社會的現象，都是時間和空間之下所產生的種種關係，是由許許多多因緣條件和合而生的，無法單獨發生，也不會突然出現，更不會永遠不變地存在；只要其中一項因緣條件改變，牽一髮而動全身，原本你以為絕對不會變的事物，就會有了變化。

另外一種則是用體驗的方式。我們體驗自己生命的過程，會發現人的生命從小一直到老，到死為止，都在不停地變化，自己的身體、生理在變，觀念也在變。

例如一個人，本來是小男孩、小女孩，然後是少男、少女，然後變成中年男子、婦女，最後變成老先生、老婦人，不斷、不斷地在變，如果要執著，究竟要執著哪一個呢？究竟是十六歲的是我呢？還是八十歲的才是我？其實都不是，因為十六歲的時候已經過去，八十歲的現在也會過去，所以根本不需要執著。

從身體的變化可以更進一步來體驗心理和觀念的改變。從小開始，我們就不斷在受教育，也不斷受到環境、父母、老師以及時代變遷的影響，幾乎沒有一個觀念是屬於自己的，都是外來訊息的累積，然後才成為自己的想法。

而這些想法也是會變的，例如當你和別人談話，對方提出一個你前所未聞的新觀念，你聽了以後，腦中的想法可能因此轉變，不要說昨天的看法和今天的看法不同，可能這一刻的你和前一刻的你就不一樣了。

不論從理論上來分析，還是從對自己的體驗，都可以證明，沒有一個永恆不變的我，甚至沒有一個「我」存在，那又有什麼好執著的呢？

不過雖然因緣在變化，但是當下還是有暫時的現象存在。就像一朵花，你今天看它可能好漂亮、好可愛，可是過了幾天，它就會凋謝，不漂亮、不可愛了，可能要換另外一朵花。既然知道事實如此，就不需要對這朵花太執著。因為花開、花謝，是自然現象，不需要太多的執著。

# 開發智慧的潛能

曾經有心理學家和人類學家研究發現，人類的腦力其實只開發了不到百分之十，還有超過百分之九十都還沒有開發。這幾年來，坊間非常流行潛能開發的課程，也有藉著催眠術來開發潛能的活動。

對於人類學家所講的道理，我沒有研究，也不懂催眠術能發揮什麼樣的功能。不過，根據了解，從腦細胞的運用所開發出來的能力，應該是屬於記憶的、反應的或分析的能力；但是一個人的頭腦是不是能夠無限制地開發，變成一個很有學問的人，或是很有創意、很有開拓能力的人，我並不清楚。而且，有了這種能力，是不是就能夠去除煩惱，變成一個很有智慧的人呢？也是值得斟酌。

我只知道，從佛法的角度來看，人人都可以開發智慧。可以從一個充滿憤怒、嫉妒、悲觀的人，轉變成有慈悲心、有包容心、有遠見、有悲願的一位大菩薩；佛教甚至認為，人人都可以成佛。

佛法所說的智慧，是指不會因為情緒的波動，而使得自己痛苦、他人困擾。我們經常看到一些非常聰明的人，雖然學問很高深，記憶力也很強，可是日子卻過得充滿無奈。因為一個具備聰明才智的人，不見得就有包容心、慈悲心，以及救世、救人、救世界，救一切眾生的悲願心。

佛法雖然不一定能增加我們的記憶力、思辨能力或開發種種潛能，但能夠使我們的煩惱愈來愈少，情緒愈來愈穩定，人格愈來愈健全，慈悲心愈來愈廣大。人類學家以及催眠術所能夠完成的工作，或許能為人類開發更深更廣的知識層面，但是對於人格的培養，即使有幫助，也不是絕對的。而佛法所說的觀念與方法，對智慧的開發，卻是絕對正面的。只要從觀念和體驗兩個方向去努力，就可以達成目標。

例如，當我們煩惱痛苦的時候，要告訴自己：「煩惱對自己有用嗎？痛苦對事情有幫助嗎？明明知道沒有用，為什麼還煩惱呢？而且事情現象都會改變的，過了一段時間自然就會過去，現在又何必這麼放不下、看不開呢？」這就是從觀念上幫助自己糾正。

另外一個方向就是體驗。所謂「體驗」，就是要用方法，例如當我們煩惱很多的時候，可以藉由注意自己的呼吸、自己身體的感覺和念頭的起伏，慢慢看到自己內心的起伏變化，體會心態的活動；漸漸地，你會覺得，這些念頭的波動變得沒有意義了，只是一種「心的動」而已；一段時間後，連這種「心的動」都因為沒有意義，也就自然而然安定下來了。

這種方法可以讓我們體會到內心平靜下來的過程，煩惱於是減輕，智慧因此而開發，人格也就漸漸地穩定和健全了。

# 好念頭、壞念頭

一般人多半認為心中的想法並不等於行為，要確實做出不當的行為才會造成壞的結果，因此會有人說：「我不做什麼，想一想總沒有關係吧？」這樣的想法，對嗎？當然不對！雖然沒有真的付諸行動，但是不好的念頭、壞的想法一樣會對我們產生影響。

通常人的行為包括三個部分：（一）心理的行為，（二）語言的行為，（三）身體的行為，佛教稱為「身」、「口」、「意」三業。這三種行為產生了結果，進而形成一種力量，就叫作「業力」。

三者之中，最重要的是「心」的作用。如果心裡沒有動念，只是嘴上說說，從佛法的角度來看，並不算是犯罪，因為他是無心、無意，不是故意的，他根本不知道自己做了什麼事。就好像精神異常的人犯了罪，法院經過專業的鑑定，證實他在犯罪當時心神異常，就不會按照一般罪犯來量刑。

但是如果他是在精神正常、心理清楚的狀態下犯罪，即使沒有實際的結果產生，卻有可能構成預謀，還是會視同有罪的；而如果精神狀態很清楚，雖然沒有預謀，只因無心誤觸了法網，則必須為自己的粗心大意負起法律責任。

人的一切的行為是「心」在作主，如果沒有心的指揮，行為是不會發生的。所以「心念」是非常重要的。就算不從佛法角度來講，從犯罪心理學或法律觀點來看，也是如此。

如果心裡時常興起犯罪的念頭，久而久之就會犯罪。就像一個人老是有說謊的念頭，慢慢地就會覺得說謊沒有什麼。又例如：如果心裡有個想殺人的念頭，只要這念頭持續下去，即使沒有殺人的機會，結果因為時常想，逐漸就會把殺人視為平常的事，不再覺得它是一種可怕的、犯罪的行為；想到最後，可能就真的殺人了。

心是人的主宰，心能夠改變我們的命運，也能夠改變我們這個世界。明白自己的心念有這麼大的力量，就該隨時隨地注意自己的起心動念，否則便是不負責任的。

那麼，該如何觀察自己的起心動念呢？首先是要懂得如何判斷什麼是好念頭，什麼是壞念頭。

通常，對自己的身心有妨礙、會產生副作用的，或是對他人、對環境會造成損害的，就是壞的念頭。反之，對於自己的身心平衡、和諧有好處的，對他人、對環境有正面意義的，就是好的念頭、好的事情。

自己的身體是屬於個人的，由自己的身體向外擴展，就是外在的環境，和個人關係密不可分，也可以說是自己的一部分，所以對於自己有好處的、健全的，對整體的環境而言，應該也是有好處的。

有了判斷善與惡、好與壞的基本的常識之後，接著要練習著，當好念頭出現的時候要多多培養它，多多發展它；壞念頭出現的時候則要避免它，不要再想它，最好就是不要管它，不要繼續朝同一個壞念頭想，要用一個好念頭來代替它。譬如，當想殺人的壞念頭出現時，就應該立刻放下來，反過來想著要救人，救世界的人，並且不斷強化這種善的、好的念頭。

但是也不要變成癡心妄想、狂想。譬如說：想著要救世救人，可是卻不考量自己是不是有這個能力和智慧？相關的問題和條件，都需要經過評估、分析，否則就是不切實際的妄念。否則救人救世的念頭雖然是對的，但是不切實際的狂妄，就是在浪費自己的生命、光陰，所以也是壞念頭。

總而言之，我們要以自己目前的能力、條件來思考，對他人有利的，我們要多想、多做。對自己、對他人沒有益處的，不要想、不要做。如果能夠這樣，我們的起心動念就都是好念頭，做的事情一定是好事情，說的話一定也是好話。

# 調和主觀和客觀

「主觀」和「客觀」是現代人很喜歡用的兩個名詞。如果有人堅持己見，我們就會批評他太主觀了，應該要客觀一點。相對地，為了要表示自己對事或對人的看法不偏不倚，我們也會強調自己的看法是客觀的。好像這兩種角度，有優劣高下之分，其實，「主觀」和「客觀」是不相衝突的。

從字面上看，「主觀」是自己的看法，「客觀」是他人的看法；兩者雖然是相對的，但卻不是絕對，而是可以互補的。

「主觀」本身並不是壞事，重點是除了有自己的主觀，還要同時考慮到其他人也有他自己的主觀。尊重其他人的意見，讓每一個人都願意提供自己的發現和創見，然後集思廣益，集合大家的意見，這便是「客觀」。這種客觀從何而來呢？就是從很多的主觀歸納出來的。

如果一個人，只容許自己有意見，不容許其他人有意見，那表示他的主觀意識很強，非常自私，人緣一定不好。如果他的能力很強，自信心也很強，可能就會成為一個獨裁者。

現代社會中，因為特別強調個人主義，所以很多主觀意識非常強烈的人。他總是相信自己想到的才是最好的，自己是最聰明的，自己的想法是絕對的真理，其他人都不如他。像在家庭裡，有的太太很強悍，動不動就否定丈夫的意見；有的丈夫則是大男人主義者，完全不理會孩子和太太的想法，總是說：「我說的就是對的，你們只要照著做就好了。」完全不讓他人說理由。類似的情形，在公司、團體之中，也經常看得到。

這種人，多半自信心很強，頭腦反應快，處事精明能幹，判斷事情也滿正確的，所以有時候會覺得自己這樣做是對的。但是，判斷正確並不表示你就可以否定其他的人，其他的人並不是你，你一個人的想法並不能代表所有人的想法。你可以提供自己的意見和方法，貢獻智慧和能力，但是也要尊重其他人的意見，至少要獲得他們的認同。

更何況任何人做事難免都會有盲點，常常自以為一切都考慮周全了，後來才發現原來還是有漏失的部分。過於堅持主觀意識，雖然還是有可能成功，但做事的阻力會很大，會多走很多冤枉路。

既然我們並不是全能，其他人也並不是全然無能。徵詢不同的意見，對事情的規畫一定有幫助。而且從佛法的觀點來說，眾生都是平等的。每一個人，都有他自己的一份福報和智慧。彼此雖然因為意見不同，可能會增加一些麻煩和不便；但這正是考驗我們的機會，如果能夠廣納意見，就能為我們增長更多的智慧，帶來更多的福報。

不過對於別人的建議，也不是就要照單全收，而是經過評估之後，定出優先次第，再考量取捨，哪一個最急、最重要，就趕快去做，哪個可以慢慢來實施，就晚一點做；如果雖然立意很好，但是時機不恰當，那就保留著，等待適當的因緣再做。這樣，既有了主觀，也兼顧了客觀。

如果我們能夠尊重自己，也尊重所有的人，提供自我的主觀，也能客觀肯定他人，具備既主觀又客觀的修養，那就能集合大家的智慧與努力，完成彼此共同的事業。這樣的話，不管是家庭也好，團體也好，我們的社會、國家，都會一天比一天更好，一天比一天更成長。

所以主觀意識並不壞，問題是出在，過於堅持自己的主觀意識，抹煞他人的貢獻或意見，那就不好了。

# 主動和被動

中國人常常被認為是一個被動的民族。一般都認為「主動」，就是自動自發、自願和自主；而「被動」則是受人影響、指揮、支配、唆使或教導，所以被動總給人不合時宜和不負責任的感覺。

可是如果說是完全的「被動」，那麼是誰讓你「動」的呢？一定還是得自己「主動」才能真的付諸行動吧？所以說，完全的被動是不可能的，只會有比較主動或比較不主動、積極的主動和消極的主動的區別。就像

「客觀」和「主觀」一樣，「主動」與「被動」，是事情的一體兩面，只是角度不同而已。

消極的主動，是事前沒有任何計畫，等問題發生了才採取動作；積極的主動，則是在問題尚未發生以前，就已經先規畫好目標。

積極主動的人對於未來有前瞻性，具有危機意識和心理準備。天還沒有下雨，就考慮到下雨的可能，並且想好解決之道，就是所謂的「未雨綢繆」。而消極被動的人，就只有在環境變化時才做反應，所謂的環境，包括人為和自然兩種；或是當面臨和他息息相關、不可抗拒的情況時，才不得不面對，不得不處理。

因為沒有預先設防和心理準備，所以消極被動的人會比較吃虧；而積極主動的人因為防患於未然，事先轉阻力為助力，化腐朽為神奇，所以占有較大優勢和力量。

在生命成長或歷史發展的過程中，凡事都是兼具主動和被動的，不可能只是單純的主動，或是單純的被動。即使是初出生的嬰兒，雖然被動地為父母所愛，為父母所照顧。但是當他肚子餓或不舒服的時候，也會主動地哭、主動地叫，當小嬰兒一主動，父母親就變成是被動的了。

通常，開創社會風氣或帶動社會風氣，需要比較多積極的主動。歷史上有很多人的豐功偉績，都是主動造成的，所謂的「英雄造時勢」。可是如果只知道主動，不懂得適時地被動，那也會非常辛苦。

至於家庭的問題、工作場所的合作問題、人際關係的問題，也是這樣，完全採取主動是不可能的，因為你必須配合其他人的需要或想法；完全的被動也不對，因為你一定也有自己的需要、自己的判斷和想法。

以佛法的觀點來看，主動的是「因」，被動配合的是「緣」。主動和被動之間，是互為因緣的。就像在多變的現代社會中，為了適應不斷變化的環境，我們常常聽到說要「因應」時代、「因應」社會環境，或是「因應」國際情勢。就是要我們調整腳步，改善自己以配合他人、追上他人，甚至轉變他人。這雖然是被動地面對問題，但卻是主動地做調整。

因此，雖然因是主動的，緣是被動的；緣是次要的，因是主要的。但有因、有緣，彼此互動事情才能成就，至於究竟是主動還是被動，似乎就不是那麼重要了。

# 活在當下的積極

「積極」這兩個字，我們通常都會把它和樂觀、開朗、進取連在一起。既然積極是這麼正面的，如果我說太積極也不好，可能會有人不以為然了！

事實上，積極到了某一個程度，是會形成壓力的。很多人雖然做事很積極，可是卻積極得很緊張、積極得很憂愁、積極得很痛苦，不管到最後是失敗還是成功，過得都不是很快樂。

這都是因為得失心太重的緣故，本來只希望工作完成就好的，接著又要求更好，等到達頂峰了，又擔心會有不好的情況發生，隨時隨地都在擔憂、憂慮。即使成功了，也還是在緊張的情緒和緊繃的壓力下，當然不會快樂，也稱不上樂觀或開朗。

所以，積極雖然會帶來事業的成功，但成功以後呢？如果不懂得保持平常心，反而會失去快樂和應有的開朗。

想要積極而不緊張，或是沒有壓力的唯一辦法，就是得失心少一些。少一些得失心的意思並不是不進取，而是「只問耕耘，不問收穫」。把耕耘當作自己的責任，盡責任去播種、施肥、澆水，該做的工作不斷去做；以樂觀的態度期許未來，相信一定會有好收成，其他的就順其自然了，不需要太憂慮、太難過。即使收成不好，也要告訴自己：「大環境不是我所能掌控的，我只要努力就好了。」欣賞自己努力的這一份精神，而不要把心思放在對結果的斤斤計較。

試著欣賞積極付出的自己，曾經努力過的，無論結果是什麼，都不會白費，也都會很值得。因為用了心，就不會浪費生命，即使不成功，也換取了經驗，得到了自我的成長。

還有一種過度積極的人，因為希望在短時間內做很多事，所以就會很心急，而這種心急，不但不是積極，還會妨礙積極。所以我常常說：「對工作，應該要趕，但不要急。」只要把工作的順序安排好，好好地運用時間，按部就班去做，一定能做得完。

工作要趕，因為一個人的時間就那麼多，如果想多做一點事，就一定要趕，可是一定不要急。能夠趕而不急，雖然睡眠時間少一些、累一點，因為不急就能夠心平氣和，不會心浮氣躁，身體並不會受到太大的影響。否則一急、一緊張，就會心浮氣躁，血壓跟著升高，對身體反而是種消耗。

「工作要趕，不要急」很多人一時間沒有辦法接受這樣的觀念，這需要一些時間的體會和練習。每當心裡急的時候，就提醒自己：「我這是『趕』，我不要『急』。」

我有個弟子曾經跟我說：「師父，我很積極，可是我也很急，因為我總是想用很短的時間做很多事。每次做這件事，就老想著下面那件事。」

我說：「你做著這個，又想著下面那個，當然急了。因為你的心根本沒有放在你正在做的事上，這樣子很可能連手邊的事都做不好！」

他聽了覺得很有道理。過了一段時間後，他跟我說：「師父，原來真的可以趕而不急！」他告訴我，他學會了把握當下，當下只努力做眼前的事，下面的事等一下再去想。他說：「自從我不急了以後，不但能享受做事的樂趣，而且也做得比較快一點。」

只求好好地、實實在在地活在當下的這一秒鐘，不擔心下一秒鐘會怎麼樣，像這種活在當下的心理，才是最積極的態度。

# 再論積極

曾經有人問我：「師父，我看了很多有關積極人生觀的書，希望能鼓勵自己不斷地努力。可是，看多了以後，反而覺得壓力沉重，因為這些書都說你要這樣、要那樣，才算積極。所以當我做不到的時候，就覺得自己很不應該。」

其實，寫這種書、做這種演講的人，他們的確是讀了很多書，蒐集了很多資料，並且經過他個人的觀察、思考，才提出積極人生的理論，研究出很多如何過積極人生的方法。但是他們是不是能做到像自己所說的那樣積極呢？或許他們自己也會積極得很辛苦。

這不是說積極人生不好，而是像他們書中或演講中所說的那麼美好的積極，實際上是做不到的。按照他們的說法，積極就是要給自己訂定目標，並且督促自己一定要在規定的時間內完成進度、達成目標，否則就是失敗，就表示人生不圓滿。

像這樣的積極真是很苦的一件事，不斷趕著自己、逼著自己一定要達成什麼樣的目標，看起來好像非常有活力、有朝氣、很美好；事實上，這樣的人生充滿了壓力，一定非常痛苦。也難怪有一些專門在講積極人生的專家學者們，當他們有機會跟我談話的時候，往往也希望從我這裡找到紓解心理壓力的方法。

給自己一個目標本來是件好事，可是，如果沒有預留緩衝和迴旋的餘地，即使是自己心甘情願去做的事，到最後也會因為沒有喘息的機會，而覺得無奈；而且一旦成為無法承受的壓力時，再喜歡的事都會變成一種苦難，甚至是災難。想想看，我們這個人生已經夠苦了，實在不需要再製造不必要的苦難讓自己來承受。

因此，無論如何都要給自己迴旋和緩衝的空間。不把自己逼到痛苦的地步，這樣的積極才合理。合理的積極還要跟自己的能力相符，做自己能做而且喜歡做的事，由於駕輕就熟和滿足了興趣，自然很容易積極，而且可以勝任愉快。

可是並不是每一個人都有這種機會，大部分的人往往是學非所用，自己所做的和所學的、希望的、喜歡的、有興趣的事不一樣，興趣常常只能當作副業，而不能成為職業。有一句話說：「做你所愛的，如果不能的話，那就愛你所做的。」能夠做你有興趣的事，是有福氣的人，但如果不能的話，也要嘗試接受你所做的事，慢慢培養出興趣。能讓本來沒有興趣的變成有興趣，就是一種積極。

# 大鴨大路，小鴨小路

在我小的時候，有一天傍晚，我父親跟我正好經過一條河邊的小路，有一群鴨子本來在河岸上休息，見到我們父子倆走過，或許是受驚了，也或許是要讓路給我們，總之一群鴨子全部都下了河，從河的這一邊，游到另一邊去。接著又上岸去玩了。

父親看著在河裡游的鴨子，告訴我說：「孩子，你看到了嗎？這群鴨子裡，有大鴨、有小鴨。大鴨游出來的是大的路，小鴨游出來的是小的路。不管是大路還是小路，都是自己游出來的路，而且都到了河的對岸。」

又說：「孩子啊，人要學這些鴨子。你長大之後，不管游出大路或小路都沒有關係。可是不游是不行的，因為不游的話就沒有路可走了。」

父親的意思是說：無論大路，還是小路，都可以到達對岸；可是如果不游的話，就肯定沒有路可走了！

這件事對我的影響非常深刻。我這一輩子就自認為是隻小鴨，我看過很多「大鴨」，在這個世界上呼風喚雨。我覺得自己沒辦法像他們那樣，也無法和他們相比，當然也不需要比。所以我甘於做一隻小鴨，我走我的路，他們走他們的路。

當我的師父東初老人在世的時候，他常常要我學習某位大法師的樣子，他說：「你應該學習做那樣子的法師。」我想我學不來的，因為他是一隻大鴨，而我是隻小鴨，怎麼可能學得起來呢？

大約在一九六一年，我要去高雄的山裡閉關的時候。有一位老居士聽說我要去閉關，特別選了四本近代中國四大高僧——印光大師、太虛大師、虛雲老和尚和弘一大師的書來看我，把書送給我後，就問我：「聖嚴法師啊，你將要入關了，那麼四大高僧中，你究竟準備走誰的路呢？」

雖然我對這四位高僧都非常恭敬、非常景仰，但是我說：「我大概是沒有辦法走他們任何一位高僧的路，我走我聖嚴的路。」

他說：「你這麼傲慢啊？」

我說：「我不是傲慢，也不是沒出息，我只能走我自己的路。但是我會參考他們的路，他們是怎麼走的、他們的好處，我會盡量地學習，能學得到多少，就學得多少。但是我不要模仿誰，也不要自己一定成為哪一位高僧的樣子。」

因此，我就在關房裡很安心地修行，我沒有準備要變成四大高僧中的哪一位，也沒有這樣的狂心、那麼大的膽量，想變成第五位高僧。我只能做多少算多少，能夠做什麼、學什麼，就盡力而為，盡我的一生好好努力。

其實在一群鴨子裡總有大鴨，也有小鴨子，游出的路一定也有大小之別。從佛法的角度來看，這是因為各有各的因緣福報，所以對於別人的成就，我們應該讚歎，但是不用羨慕。

小鴨子看起來好像沒有在游，但牠並不是停在那裡不動，只是游得比較慢，但是慢慢地，持之以恆地划下去，最終也能走出一條路來。就像我，我自認為自己是隻小鴨子，雖然游得慢，可是我游得很安心，也從來不羨慕他人，只知道盡力游，游到現在為止，不也是游出了一條路嗎？

我們不要要求自己一定要游得比別人大，靠著和別人比較來建立自我的價值，那是非常痛苦的事。所以，凡事只要盡自己的力來做，就一定會游出自己的路。

# 心安理得就是成功

在一般人的觀念裡，所謂成功，就是要有大事業、大名望，而且還要地位高、財產多，有許多群眾簇擁著他。這種人，大家才認為他是成功的人。

其實，想要獲得這樣的成功，說難很難，說容易也很容易，表面上看起來並非每一個人都能做到，但又好像人人都有機會。以我為例子，我能在無線電視頻道上為大家說法，好像很不容易，所以很多人就認為我是成功的；可是，這並不表示其他人做不到。而且這就算是成功嗎？恐怕值得深思。

到底成功的定義是什麼呢？孔子以「立德、立功、立言」做為成功的準則。所謂「立言」就是能提出有道理的見解，讓大家有所依循，並獲得正面的效果。其實要想做到立言，也不容易。他必須有思想，還要有所創、有所立，而非僅僅做個傳聲筒而已。

「立德」的「德」是道德、德行的意思。無論是心性、品性，或是待人接物、處事態度，只要能對大眾有利，對社會人群有利的，就是立德。所謂「君子之德風，小人之德草」，君子立德是樹立一種風氣、典範來影響別人，從影響一群人、一個社會、一個國家，乃至影響世世代代的許多人。

「立功」則是在適當的時機做出正確的事，造福大多數的人，立下了汗馬功勞。

這三者之間，立功是可表現的、有形的，別人很容易就可以看到或知道。它和「德」不一樣，德是一種影響力，雖然無形，但有力量。而立言是用言論來影響人，可以是立功，也可以是立德。能做到這三種，都算是人生的一種成就；且不論影響多寡或功勞大小，都是成功。

所以如果以這三個原則來論成功，則人人都有機會成功；相對地，目前社會上很多所謂的功成名就者，就算不上成功了。很多有大事業的人，他不一定道德很高；名望很高的人，講話也不一定有道理。因此不能只從金錢、地位來判斷一個人的價值，名望高、地位高，權利大的人，對社會不一定有功勞，對歷史不一定有貢獻，真正的成功應該是建立在孔子所說的這三個標準上的。

對大多數人來說，要做到「立德、立功、立言」好像很難、很遙遠。其實，「立德」只要不愧對自己的良心，遵守道德的行為，那就是「立德」成功；「立功」就是我們要幫助他人，如果所作所為都能夠利益他人，也就是「立功」成功；「立言」就是在觀念上或語言上，能夠安慰鼓勵別人，甚至影響他人改過遷善，那我們就是「立言」成功。以這樣的標準來看，人人都可以「立德、立功、立言」，人人都可以是一個成功的人。

甚至，一個人只要真正能做到心安理得，那也是一種成功。

如果一個人活了一輩子，臨命終時覺得自己白活了，或是死不瞑目，即使他活著的時候多麼功成名就，那都稱不上真正的成功。只要覺得自己這一生沒有白來、沒有白過，那他這一生也就是成功了。不要說一輩子，只要一天沒有空過，就有一天的功德、一天的成功；即使是一小時，也有一小時的功德、一小時的成功。

成功有大成功、小成功，能夠積聚一小時、一小時的成功，一個念頭、一個念頭的成功，小成功也可以慢慢累積成大成功，而我們的福德和智慧也會逐漸地圓滿。當福德和智慧達到究竟的圓滿，那才是我們最大的成功，那不是金錢，也不是地位，而是功德。

3

# 回歸內在的聲音

# 心與物的調和

哲學上有所謂的「唯物論」和「唯心論」，但是心和物其實是分不開的。人的心，是屬於精神層面的；人的身體、所處的生活環境，則是屬於物質層面的。人在環境的互動，形成了人與人之間、人與物之間的關係。所以人不能夠離開物質，無形的「心」如果離開了有形的物質，就不能具體表現；同樣地，在物質的環境中，如果沒有心做為主宰，就容易為物所迷，失去自我。

我們不但不能把心和物質分開來看，也不能單只偏重某一方；如果只偏重某一方，生命一定會出問題，最常見的就是偏重物質的層面。譬如很多人常常將自己的價值等同於外在物質的好壞，以為穿漂亮的衣服、坐豪華的車子，自己的價值和地位就會提高一些；銀行裡存的錢夠多，就認為自己的未來更安全、更有保障，這就是完全把自己依託在物質之上。

事實上，物質本身並沒有絕對的好與壞，可是我們卻常用物質來衡量自己，用物質的價值來判斷一個人的高低。這是一個很奇怪的現象，可是很多人都沒有察覺到。

一個人如果太偏重物質，放棄內在「心」的功能，放棄了用「心」去體驗，而只知道追求物質、依賴物質，甚至把所擁有的物質當成自己，很容易就會變成物質的奴隸，就成了名副其實的「認賊做父」，偏重錢的就成了守財奴，偏重享受的就養成了虛榮心，對於自己的人格成長或心靈昇華毫無助益，這就是所謂的「役於物」。

雖然我們不能過分追求物質，但也不能完全偏於心理。在中國文化傳統裡，對「心」這個問題非常重視。不論是儒家或是道家，都對「心」有很豐富的闡釋。佛教從印度傳來之後，與「心」有關的觀念，也有一定程度影響了中國的傳統文化。

在我的理解中，儒家是人文主義者，道家是自然主義者，而佛教則是因緣主義者。人文主義的儒家所主張的心，其內涵是「仁」，仁愛的仁；道家的心指的就是「道」，透過心來發揮、發揚道。

就佛教而言，心也是「因緣」所成，它具備一種實踐的力量，稱之為「業」。可是如果能轉變凡夫的煩惱心為聖人的智慧心，那就不是「業」了，而稱之為「道」，又叫作「菩提」。可是佛家的「道」跟道家的道不一樣，道家的道是自然，而佛教的道則是「智慧」，是「解脫」。

儒家、道家和佛教，對於「心」的看法雖然不盡相同，可是他們的目標或出發點，則都是希望能轉變人的氣質，把人從物性轉為人性，然後超越物性與人性的對立。這種超凡入聖的過程，佛教稱之為「解脫」，道家叫作「回歸於自然」，於儒家就叫作「成聖成仁」。由此看來，各家雖然名稱不一，終極目標不同，但對心的重視卻是相同的。

# 不再執著七情六欲

人都會有七情六欲，七情六欲不是不好，有時候反而是我們生命的原動力，但是，對七情六欲的執著，卻會為我們的人生帶來痛苦。

要避免這些痛苦，就要去除執著。去除執著有兩種方式，一種是「隔絕」，乾脆不要有七情六欲，用絕緣的方式試圖斬草除根。例如躲到深山之中，單獨一個人修道或修行，或者是到寺院過出家人的生活。但是隔絕式的苦修生活，所謂「眼不見為淨」、「耳不聞為淨」，以為可以因此不受誘惑了，卻不一定能把七情六欲全部放下來。因為雖然離開了充滿欲望誘惑的環境，可是自己的身體，以及頭腦裡，還是同樣有執著、有衝突、有矛盾，並不容易真正地擺脫欲望。但是，這仍不失為消除執著的一種方法。

另外，就是用觀念來增進自己對欲望的免疫力。當心中產生七情六欲的時候，不斷用觀念來調整自己的心態。「調整觀念」聽起來好像很容易，其實對一般人來講，不是那麼簡單，因為當境界現前的時候，往往已經來不及用觀念來糾正自己。譬如美色當前，或者是名、利、地位、權勢在誘惑你的時候，通常很難抗拒，如果又是別人主動送到你面前，那更是難以拒絕；一旦察覺到自己是在被誘惑，那時候才開始想要調整觀念，這真是難上加難了！

以觀念來調整自己，是要讓自己向心內看，不向外看，因為心向外看就很容易被外境拉著轉。譬如看到山珍海味，或者看到一個大蛋糕時，如果能立刻轉移自己的注意力，轉而看自己內心的反應，想想看這樣會吃進多少卡路里，念頭一轉，就能拒絕美食的誘惑。

觀念的調整，是需要長時間的鍛鍊，多用好的、正面的觀念熏陶自己。這樣在遇到有衝擊、有誘惑性、有刺激性的情境時，才能馬上調整自己，不被境界所轉。

「隔絕」和「觀念調整」這兩個方法，其實是可以同時運用的。像是戒菸、戒酒或戒毒的人，第一步就是不讓他有機會接觸到酒、菸和毒品，這就比較容易戒掉了；可是萬一有一點點的誘惑，他可能馬上又上癮了。所以隨時隨地都要防護，除了在心裡面用觀念糾正自己，還是要想辦法隔離，以避免接觸。

另外，習慣也是一種誘惑。例如有的人就是習慣順手牽羊，他偷的原因不是因為自己需要，也不是自己沒有，只是好像不拿一下很難過，就想把它據為己有。這習慣一旦養成之後，就會成為誘惑，嚴重的就是一種病。這在一開始的時候，就要養成另一個習慣來改變它，這個習慣就是當興起想拿他人東西的念頭時，就要趕快遠離，避免接近那個東西，並提醒自己：那不是自己喜歡的東西，也不是自己需要的東西，所以不應該拿。

而無論是用哪一種方法，都必須強化自己的意志力，先要有離開的決心；在誘惑當前時，一方面用觀念來轉變和糾正，一方面想辦法抑制、疏導。慢慢練習，也可以說就是修行，等到一個階段之後，自然可以淡化，乃至於消除對七情六欲的執著。

# 良心

人生過程中，我們經常要面臨許多的選擇，有時候我們會忠於自己的良心，有時候卻是在良心和欲望間交戰，在提起和放下間猶疑，而有所謂的「天人交戰」，這恐怕是很多人都會面對的問題。

簡單地說，我們把天經地義的道理叫作天理；而屬於個人的、以自己本身為立場的真心，就稱為良心。「良心」應該是向內反省自己：「待人是不是真心？做事是不是對得起別人？」而不是用來向外誇耀的；當你告訴別人自己很有良心，站在對方的立場，他可能就不這麼認為。

許多人都認為自己沒有問題，所以很多沒有良心的人，或根本不知良心為何物的人，都會說自己有良心。反倒是說自己是沒有良心的人，可能才是有良心的，因為至少他已經察覺到良心的存在，知道自己沒有做好，所以覺得對不起別人；和這樣的人相處，或許還沒那麼困難。就怕那些常常把「我是很有良心的」這句話掛在嘴上的人，他們總覺得自己是這樣的好人，怎麼可能對不起別人呢？

其實再好的人，都還是有對不起別人的時候。我們時常會做對不起別人的事，有時候很快就忘了，有時候根本渾然不覺；因為不知不覺，所以還自以為是很有良心的人。

但是，這也並不表示自認為沒有良心的人，就一定是好人。如果明明覺得自己沒有良心，卻從來不想努力改過遷善，老是拿這句話當擋箭牌，那也是有問題的。而且，雖然我們應該經常檢點自己是否違背良心，但也用不著老是告訴別人自己沒良心，因為說多了，可能就會不在乎，也會影響到其他人。

為人處事但憑良心，但是在面對許多抉擇時，尤其是攸關金錢、男女愛情、權利、名位時，良心和人欲——也就是自己的私欲，往往會產生矛盾衝突。當兩者衝突時，大部分的人會捨良心而就人欲，認為他所做的選擇是理所當然的。他會理直氣壯地說：「因為我需要，所以當然要極力去爭取，別人搶不到、得不到是他自己的問題。」

也有人會說：「現在的世界，是適者生存的時代。物競天擇，適者生存，如果我們不爭取、不競爭，那什麼都輪不到我了。」這其實是似是而非的。爭取一樣東西，並不是非要靠衝突和矛盾不可；競爭和良心也並不一定是衝突的，只要合情合理，不會造成自己、他人和環境的負面影響，能夠爭取的還是要爭取，爭取不到當然也不必煩惱，因為因緣就是如此，煩惱也沒有用。

還有的人會為自己的自私找理由：「我這樣做是為了成就他，保護他。」這就像童話故事中，看到羊的狼，口蜜腹劍地說：「因為我好愛你，捨不得讓你在外面遇到危險，所以我要把你吃掉，這樣就可以永遠保護你了。」這是用種種冠冕堂皇的理由來伸張私欲，還掰出一大套的歪理來佐證，欺騙別人也欺騙自己。在我們這個社會上，就常常聽到一些理由很多的人，即使能講出幾百個理由，也都是似是而非的道理。像這種人，就是用良心做藉口來伸張私欲的人。

一個人是不是真正有良心，只有在「良心」跟「個人利害」產生衝突的時候，才能看得出來。我們是人，不是動物，所以當發生兩者衝突時，就要維護自己的良心和原則，捨人欲而取良心。

# 自由和尊嚴

當一個人擁有了衣食名利之後，往往會發現除了這些之外，生命中好像還有更重要的東西，那就是自由和尊嚴。

所謂的自由和尊嚴，簡單地說，稱心如意、不受約束就是自由，沒有委屈就是尊嚴；相反地，被限制就喪失自由，被壓迫就沒有尊嚴。

美國獨立戰爭期間，派翠克・亨利（Patrick Henry）曾說過：「不自由，毋寧死。」這句話後來成為追求自由者的名言。當統治者用軍事、武力、政治，或是用文化、宗教來壓迫被統治者，使得他們不敢講出自己心中的話，也不敢做自己想做的事，這就是不自由。至於一般犯了法的受刑人，在獄中受到約束而不自由，這是因為他們是以自己的自由意志做了錯事，自作自受才進了監牢，基本上這是為了保護大多數人的自由。

一般人認為的自由，通常就是指身體活動和言論思想都不受約束，自己要怎麼做就怎麼做，想怎麼說就怎麼說。而且從古到今所講的自由，大部分都是從「征服」的概念出發，為了發展自己的欲望，把這種「擴張自我」的觀念和作法當成自由，不斷向外在環境爭取。這樣的自由，其實是有問題的。

因此在法國大革命期間，羅蘭夫人（Madame Roland）說了一句名言：「自由、自由，多少罪惡假汝之名以行！」為了滿足自己的欲望而發展出來的自由，相對地一定會妨礙他人的自由；在發揮自己的當下，卻也限制、影響到別人，這樣的自由，就算爭取到手，也不是真正的自由。

真正的自由，應該讓自己的自由與他人的自由共存，讓個人的自由與團體的自由相容，而不會讓自己的自由超越團體的、整體的自由。如果僅僅只知道維護個人的自由，那會引起整個社會的混亂，滋生許多問題。當前世界人與人之間互相鬥爭、彼此傷害，就是因為有太多人只知道爭取個人自由。

至於尊嚴呢？有人說「尊嚴是別人給的」，這真是錯誤的觀念。我們常講「自尊而後人尊」，意思就是要我們自尊自重，才會得到他人的尊重；而在尊重自己之前，還應該先尊重他人，因為我們給人尊嚴，對方才會給我們尊嚴。如果我們不尊重人，只希望別人尊重自己，也許表面上看來像是得到了尊嚴，其實那樣的尊嚴恐怕是不真實的。

真正的尊嚴，還包括尊重自己的身分，尊重自己的責任，並能和他人建立起彼此互相尊重的關係。譬如身為父親，行為舉止就要像個父親，不是大男人主義的父親，也不是霸王式的父親，而是慈愛、慈祥、懂得以智慧教養孩子的父親。這樣才能真正建立起做父親的尊嚴，否則僅僅在孩子面前耍弄父親的威權，到最後可能為了爭取尊嚴，反而失去尊嚴。

尊嚴、自由可以是靠向外爭取得來的，也可以是因為自己先給與別人，因而得到自由和尊嚴。第一種方式並不可靠，第二種方式比較穩當。

我們這個社會，爭取尊嚴、自由的人太多，願意給人家自由、尊嚴的人太少，所以日益混亂。如果我們真的想要建設人間淨土，一定要採取第二種態度，才是比較踏實可靠的。

# 化「私我」為「無我」

我們常聽人說：「這個人太自私自利了。」這句話聽起來好像帶有負面評價的意味。其實，自私是正常的，自利也是正當的，因為人如果不自私、不自利，恐怕很難生存下去。

實際上所有的生物都是自私的。達爾文的「進化論」，提出「物競天擇」、「適者生存」的觀點；就是說萬物在自私的原則下，都有爭取自我生存下去的本能。所以換個角度來看，「自私」的用意其實是為了保護自己，以求得立足的空間、生存的機會，延續自我的生命。既然人也是萬物之一，就會有自私這種原始的動機，所以應該也算是正常的，不能以對錯來評斷。

「自利」也是如此，因為對自己有利，才得以生存下來。否則，連自己都無法生存，都不存在了，還有什麼可以做的呢？

但是，「自私自利」也有幾個階段和層次：

第一，自私、自利，但不會妨礙他人，這是做人的基本原則和道德標準。

第二，雖然自私、自利，但同時又能夠利益他人，這就是自利利他，也是菩薩修行的第一步，但這還是凡夫的境界。

第三，即使是對自己沒有利益，可是對眾生是有益的事，也要秉持「捨己」而「為人」的精神。這也是古往今來很多大宗教家、哲學家們所主張「大公無私」、「犧牲小我，完成大我」的精神。

雖然說自私自利並不一定錯，但是，從佛教的立場來看，自私好嗎？

自利對嗎？自私自利的結果，就會造成佛法所說的「我執」，衍生一切的煩惱。即使是到前面說的第三個層次，還有一個「大我」，還是有一個「我」，有我就有煩惱；因此在第三層之後，還有一個第四層，那就是「無我」的境界。

佛法中說的「無我」，是把個人一己的私利，分享給一切眾生，化個人的利益為大眾的利益；也就是說，凡事均先想到大眾，無私地奉獻給大眾。而在大眾得到自己的幫助和利益之後，既不邀功，也不會希望求得回報，心中更不會牽牽掛掛，計較自己幫了多少人的忙、救了多少眾生、做過多少好事，這也就是「菩薩道」的精神。

「菩薩道精神」的涵義，第一要「上求佛道」，第二要「下化眾生」。「求佛道」是成長自己的智慧，增長慈悲心；「度眾生」則是幫助眾生離苦得樂。這不但都圍繞著「利」來進行，從中增加自己的福德、功德，而且還能同時完成「自利」和「利他」，將自私的「私」完全消融、化解。

一般人在聽到這個道理之後，多半都覺得這個道理很好，也很願意學，可是真正要去做，卻又很困難，不是那麼簡單達到。以這四個層次來說，我們至少要做到第一層，可以做為進步到第二個層次的基礎。但是要做到第三個層次，就不是那麼容易了，更何況是第四個「無我」的層次，雖然不容易做到，但也不是不可能，至少可以把它當作是努力的大方向和目標，腳踏實地地實踐下去。

# 這愚蠢的我是真的嗎？

從佛法的觀點來看，「我」是一連串業力、因果循環的現象呈現；自己所造的業，再由自己接受那個果報。造業的時候是我，受果報的時候也是我，生命過程就是不斷地在造業受果，造因受果，業的因和業的果都是我。

人活在世界上不能不吃飯、不能不穿衣服、不能不喝水，人與人之間一定會產生一些互動關係，不管是付出或接受，人與人的互動，就會造業。即使不與人互動，個人本身也會造業，譬如你自己情緒非常不好的時候，可能會捶胸頓足，自己懲罰自己、折磨自己；或者高興的時候，自己讚歎自己，讓自己快樂，這些也都是在造業。

造業一定有結果，從造業到受報的過程之中，會有不斷的新的業，不斷有新的果報要受，這樣的過程，就形成了我們所認知的「我」——有受苦的我，受樂的我；有努力的我，也有怠惰的我；有時是自私的我，有時是慷慨的我……，這些看起來不一樣的我，其實全部都是自己造業的因，也是自己受果報的果。

好與壞是造的因，苦和樂是結的果，人不斷地在好壞的造業、苦樂的受報過程之中，於是很多人以為那個就是「我」，似乎有一個「我」的存在，這個「我」的存在是非常強烈、非常明顯的，幾乎沒有人不認為這個就是「我」，也沒有辦法把這個「我」擺脫。但是我們不妨仔細思考一下：這個「我」是真的嗎？

其實，一般人認為是我的那個「我」，就是一連串的因和果，但這因與果是永恆不變的嗎？當然不是。因此，如果說自我的存在感，是由於一連串業力、因果的組成，當所有因和果都結束時，這個造業、受報的「我」，自然也就不存在了。

舉例來說，譬如有人犯法坐牢，刑期一滿，他犯罪的因就抵銷了，出獄之後，他又恢復成一般常人，不再是罪人或犯人。可是如果他再度犯罪，成為累犯，就又要被關進監牢去，但那已是另外一個因果過程，經過這個過程，刑滿出獄了，就算是結束這一段的因與果了。

所以，罪犯不是永遠是罪犯，我們所以為那個造業、受報的「我」，也不是一直都不變的，因與果也不是一直不變的。只不過，人往往處在受果報的階段時，又在造新的因了。

一般人都不願意受苦，只想要享樂；不願意多付出，卻希望得到更多。這樣自私自利的我，所得到的果報，可能短時間內很快樂，但是卻要承受長時間的苦。這好比標會，一開始就把會標下來，雖然一時間可以拿到很多錢，但這之後每一個月都要付錢出去；等於是拿長時間的苦，來換取短時間的快樂。

這樣的我，實際上是苦樂相繼、苦多樂少、苦中作樂、以苦為樂的。這個「我」是真的嗎？如果是真的，那應該是一個「愚蠢的我」。

# 轉自私自利的我為功德的我

在人生的過程之中，多半人都覺得有一個目標要去達成，這個要達成的目的是「我」，而正在往這個目標努力的也是「我」。

很多人會問，人生的目的是什麼？我認為，人生的目的是還願和許願，在還願和許願過程之中的就是「我」。

人生的意義是什麼？我認為，人生的意義是負責、盡責，負責、盡責的人是「我」，負的是我應該負起的責任，如果我是國家的公民，就要負起國民的義務、責任；如果我是一個法師，就要負起法師的責任和義務。每個人都可能同時扮演許多不同的角色，你可能是一個太太，也同時是孩子的母親，又是一位女兒、媳婦，在工作場合上則是一個職員……，你有很多的角色，凡是這些角色的責任和義務，都是你。

人生的價值，則是在於奉獻、感恩，當我們有東西可以奉獻給別人的時候，我們會感覺到這是「我」；當我們接受別人的協助，而且願意感恩對方的協助，這也是「我」。

為什麼我們要對做好事的仁人義士給予鼓勵和表揚，因為對社會大眾很有意義，這可以讓大家看到他們對社會的奉獻，以及他們所受到的表揚與鼓勵。在此，感受到被表揚的是「我」，看到人家被表揚的也是「我」。

還願、許願的是「我」，負責、盡責的是「我」，奉獻、感恩也要有「我」，但是佛教也指出，眾生就是因為有「我」，所以產生種種的煩惱，因此特別指出需要有無我的修行。只是一開始就講無我，幾乎是不可能的，必然還是要有一個我，那就不妨把自私自利的我，轉變為「功德的我」。

很多人都知道，把錢放在自己家裡並不保險，因為可能會被小偷偷走，也可能被一把火燒了。所以，有人把錢拿去投資置產，或是把錢存在銀行裡；但是投資可能會蝕本，銀行也難保不會倒債。

究竟要怎麼樣才是最保險的呢？最好的辦法，是把財產儲蓄在所有人的幸福中，那才是最究竟、最可靠的儲蓄。所謂「儲蓄在所有人的幸福中」，就是提供我們有形、無形的財產，包括智慧的財產、體能的財產、時間的財產，為眾人謀福利，幫助其他人獲得利益，這不但水火不能破壞，小偷偷不走，強盜也搶不去，連政府抽稅也抽不到，為什麼？因為財產都釋放給大眾了。這種情形的我，就是功德的我，你付出多少，你的功德就有多少。功德的我是不為自己的私利而傷害他人，而會盡量充實自己的生命，努力於學習，然後把自己所擁有的奉獻給他人。

或許有人會認為這個人好笨、這樣做太傻，自己的錢不用，給人家用；自己的福報不享，給人家享受；自己有時間不好好玩樂，還去做義工奉獻給別人。其實在奉獻的過程之中，自己的收穫反而更大，成長反而更多，這樣的過程雖然也有一個「我」，但卻是「功德的我」。

功德的我是以還願和許願的心主動付出，所以一點也不覺得苦，反而會覺得非常快樂，也因為懂得感恩、奉獻，更覺得所有的努力都是值得的，為什麼值得？因為做了對人有利的好事，生活有意義，生命價值就這樣呈現出來了。

# 4

# 自我肯定　自我成長　自我消融

# 自我而非我

以前我剛開始教禪、講禪的時候，一開始就講「無我」的觀念。我說：「要開悟就要把這個『我』去掉，如果有『我』，就不能開悟。」結果多半的人聽不懂，一時間也不能接受這樣的觀念。

因為通常的人都非常重視「我」，認為「我」是生存動力的來源，例如：因為「我」肚子餓了，所以「我」要拚命賺錢買東西吃；因為「我」希望有好名聲，所以「我」努力工作，希望社會給「我」名譽榮耀。如果沒有了「我」，就失去努力的動力；如果真的沒有「我」，那我還來上什麼課？聽什麼佛法呢？

後來我也覺得這樣講佛法，對初學者可能太困難、太高深了，所以決定先從「有我」開始談起。其實佛法、禪法的修行，都是從有我開始的。「有我」是個著力點，即使說「我願無求」，也還是要有一個「我」來發這個願；或是有人說：「我的煩惱很多，希望能除煩惱而證菩提，達到無我的境界。」這個無我的還是我。所以無論如何，一定要從「有我」才能到「無我」。

一般人如果沒有修行的工夫，根本不知道「我」究竟是什麼，雖然每天都在講，我的這個……，我的那個……，但事實上根本不清楚「我」是什麼，還以為那一連串的妄念，以及每天看到的自己的影像，或是每天接觸到的環境，就是「我」。實際上那不是「我」，而是「我的」。

有人說：我會思考，於是把自己的思想、念頭當作了「我」。每天只想著那是我的、那不是我的；我的念頭是我，壞的念頭是我，好的念頭也是我。那究竟哪一個念頭才是真正的我呢？

也有人說：我的身體是我，我的觀念是我，我的財產是我，我的環境是我，我的世界是我。但仔細分析，這裡面並沒有一樣東西稱得上是「我」。

又有人說：永恆的我才是我，但什麼才是永恆呢？所有的思想、觀念，說穿了不過都是一個一個串起來的念頭，並不是永恆不變；我們的身體、外在的環境，更是無時無刻不在變化之中，哪有一個永恆不變的我？

以佛法、禪法的觀點來看，在還沒有開悟，還沒有智慧的時候，「我」只是一連串的妄念。即使已經是佛教徒，看了很多佛經，聽了很多佛法，很多人依然煩惱很重，生氣照樣氣，貪心照樣貪，不該做的事情照樣去做，為什麼？因為還沒有看清楚什麼是「我」，結果自己作不了自己的主。

要能夠主宰自我，一定是透過了解自我、肯定自我之後，才能進一步達到的。所以一定先要知道「我」是什麼，才能肯定自我；肯定自我之後，才會知道什麼是我，什麼是非我，也才能夠提昇自己、充實自己、改善自己、轉變自己。如果不知道「我」是什麼，要想提昇也無從提昇起。

事實上，「我」是自我，也是非我，它沒有一定的面貌，是可以透過修行來改善、轉變的，當「我」轉變了，所有「我的」也會跟著轉變。

了解自我的第一步，首先要摒棄「我」的觀念，要肯定自我是假的，是虛妄的，然後在「無我」上成長自我，以「非我」為我。不應該產生的念頭不要產生，不應該講的話不要講，不應該做的事情不要做；相對地，該做的事情要努力做，該講的話要多講，該起的善念要盡量發揮。也就是，要「行一切的善，斷一切的惡」，能夠做到這樣，就能漸漸體會何謂「無我」了。

# 自知之明的自信

自信心是我們做人處事的原動力，有自信心的人，做起事來勇往直前，而且能夠貫徹到底。缺乏自信心的人，做事容易畏首畏尾，裹足不前。

可是一般人卻因此誤以為自負和驕傲就是自信，只要大聲講話、動作誇張就是有自信心。殊不知人往往是因為沒有自信心，才會大聲講話；因為膽怯，才會誇大動作。之所以有這樣的誤解，都是因為不了解自信的真義。

自信，來自於對自己的了解。對自己了解得愈清楚，自信心就愈堅定。這就如孔夫子所說的「知之為知之，不知為不知」，清楚自己的智慧、體能，明白自己的觀念、學問和能力，包括財力、腦力和技術，連自己的缺點、限制也知道得清清楚楚，如此徹底了解自己的能力，自信心才得以建立起來。

為什麼要知道自己的缺點呢？譬如，我某一天如果喉嚨有一點沙啞，就應該要調整說話的聲音和速度，講小聲一點，或是講慢一點。知道自己的缺點所在，只要留心注意，適應調整，一樣能把任務完成。所以有缺點沒有關係，但是要清楚知道，知道自己的缺點愈多，成長得愈快，對自己的信心，也就愈堅定。

又例如：我雖然知道電腦很好用，但對電腦一竅不通，如果問我電腦方面的問題，我不會講；我也不懂政治，如果問我政治方面的問題，我不會講，即使逼我講，我也不敢講、不會講，也講不出來，因為我知道我會講錯。這就是有自知之明。

有自知之明也是一種自信心，這樣的自信心來自於承認自己有所不知、有所不能。所以認識自己的缺點，也是自信心的來源。

那麼，所有不懂的東西都要去學會嗎？倒不一定。只要將自己所會的部分奉獻給他人，如果在自己的領域和工作範圍之中還有不會的、不懂的，才要盡量學習、練習，以強化自己的根基，成長自己的能力。至於周邊其他學問，只要略知常識就可以了，不需要特別放下自己的本行，轉而摸索周邊的學問，否則就像俗話說的「撈過界」：這就像是，如果我以出家人的身分來談電腦或政治，不就顯得有些不倫不類且貽笑大方嗎？

「自知之明」也包括清楚知道自己的能耐有多少，能夠如實了解自我，就能適時調整身心與環境的互動狀態，充分發揮潛能，避免過多的擔憂。由於擔憂、害怕、得失心減少了，因此也就有了自信心。

以我為例，我演講或是教人修行，我一定很有自信心，因為這是我的本行，也是我所熟悉的，我只要將我所知的、所信的，以及所了解的，如實表達出來就可以了。即使對方不接受，或是取笑我，那也沒有關係，因為每個人各有其立場和想法。但如果有機會，我會請教他無法接受的部分，或是笑我的原因，如果他說得很有道理，我也會欣然接受。

自信心的建立，一定是在於自知。因為自知，所以能夠自我成長；因為對自我認識清楚，所以能夠自我努力、自我奉獻。能奉獻多少，就奉獻多少，沒有過多的憂慮煩惱，生活也得以自在。可見得，建立正確的自信心，對我們的人生十分重要。

# 認識自己才能獲致成長

從自我肯定、自我提昇，到自我消融，是從「自我」到「無我」的三個修行階段。事實上，在未肯定自我之前，是無法達到無我的境界。所以，我們必須先從「自我肯定」練習起。

自我肯定就是「肯定自己的所作所為」，不管是對於過去或現在的所作所為，都要負起責任；對於未來，也應該有一定的方向和規畫。

那麼，何謂自我？自我包括從過去到現在，現在到未來所有的我，而以現在、當下的自己做為立足點。所以，過去是自我、現在是自我、未來的也是自我。而過去、現在和未來又是什麼？若從時間的範圍而言，「過去」可以是去年，也可以是前生，也可以是久遠以前的前生；「現在」可以說是這一生、今天，或這一秒鐘、這一剎那；而「未來」也是一樣，時間可長可短。

在整個以當下為基礎而無限延伸的過程中，自我一定要時時對自己負責。責任和義務是當「自己」和「他人」建立關係時才會產生，也才會有自我的存在和自我的價值；可是即使是自己單獨一個人，也應該為自己負起責任和義務。所以我們要站在自我當下的立足點上，對自己負責、對他人負責，這樣就是對因果負責。接受自己造的因、自己種的果，就能明白「善有善報、惡有惡報」，努力為善去惡，就是負責的表現。

為自己負責需要練習著控制自己，要能夠不受環境的誘惑。譬如有人請我抽菸，因為我從來沒有抽過，所以不受誘惑；如果我曾經抽菸多年，大概就會心癢難耐地想抽，而這時就要學著練習控制自己。

世間五欲的歡樂，人人都喜歡，也很容易因此受誘惑而犯錯，所以要能自己判斷：「應不應該做？能不能夠做？」從而做到主宰自己。可是一般人總是不了解自己，往往做錯了事還不自知，說錯了話也不承認，自己的觀念、想法明明錯了，卻還要巧辯。這樣自我的固執和堅持，並不是自我肯定，因為你肯定了自己，卻否定了他人，你要把人家趕走，人家也會把你趕走，對立的結果，別人也同樣會否定你，到最後，自己反而被孤立，這非但不是肯定自我，而且還是自掘墳墓、自找倒楣。

所以肯定自我，一定要從了解自己開始，知道自己的缺點有哪些？有什麼壞念頭？缺點和壞念頭並不可怕，只要把缺點改掉，壞念頭去掉，轉惡為善，就是自我肯定。

但是我們的念頭常常心猿意馬，不容易受控制，以致於很難讓自己該想的時候就想、不該想的時候就不想；要做就做、不做就不做。這是由於習慣使然，也是自己內在的煩惱自然而然不斷湧現的結果。

所以，我們平常一定要做修身養性的工夫，譬如念佛、誦經或禪坐。

通常我們不修行的時候，不會知道自己的頭腦其實是在胡思亂想。

譬如在誦經念佛時，才發現自己的腦袋常常有綺思遐想等妄念，這一類的念頭，特別容易在修行時浮現，也特別容易被發現。藉由修行，能夠培養我們的覺照力，在覺察缺點之後再進一步改正，這就是自我肯定的過程。

自我肯定必須是肯定自我的優點，也肯定自己是有缺點的，肯定了自己的優點跟缺點之後，就能夠獲得自我的成長。

# 讓智慧和慈悲永不止息

自我成長固然重要，也是無止盡的，但自我成長是否就是我們人生的目標及最終目的呢？在凡夫的階段，我們不斷地自我成長，努力提昇自己的人格，讓自己的人生境界更開闊。可是到了大菩薩的位置，就沒有什麼成長不成長的問題了。

在《維摩經》、《般若經》等經典中，我們看到的菩薩，都是一個階段、一個階段漸次修證的，當修證到「無生法忍」的層次時，煩惱從此不生，從此不需要再為自己做什麼、改善什麼，只有智慧和慈悲自然地運作，因此就無所謂成長不成長的問題了。所謂自然運作，就是物理學上「動者恆動，靜者恆靜」的定律。菩薩的煩惱心再也不生，永遠不動，所以是恆靜；但智慧和慈悲的兩種力量，卻永遠不會靜止下來，所以是恆動的。

煩惱既已恆靜，就沒有必要再去壓制，或是化解、轉移；智慧和慈悲既已恆動，也就不需要再以發願、決心、目標來提振自己的心力。此時，菩薩隨時隨地都沒有事做，但卻又隨時隨地在做幫助他人的事，但是他沒有特定的對象，沒有一定的時間，一定的範圍，也沒有一定要做什麼事，他只是隨緣而做。

這裡說的「緣」指的是眾生與佛的緣，眾生的緣一旦與菩薩的慈悲遇合，就會自然而然產生互動，菩薩的慈悲動了，智慧也就產生了。其實，佛菩薩與每位眾生都有緣，只要眾生相信佛菩薩，誠心祈求佛菩薩的救濟，那麼，佛菩薩自然會隨緣來救濟你，因為佛菩薩接引的手，隨時隨地都伸向眾生。

我們一般的凡夫，要促成一件事，必須先發願，然後用意志力朝目標、方向持續努力，才能有所成就，過程還必須有諸多因緣來協助。但是大菩薩不需要刻意製造什麼緣，所謂「無緣大慈」，他隨時隨地開放慈悲心，只要眾生接觸到他，眾生就得度，接觸不到他，菩薩還是在度眾生。他根本不用發願，因為他無處不在度眾生，無時不在度眾生，所以說菩薩有廣大無邊的慈悲與智慧。

此外，佛菩薩也沒有「自我消融」的問題，因為他根本沒有自我，也就沒有自我中心、自我要求，不會有「我要做什麼，不要做什麼」、「我要救什麼，不要救什麼」或「我要到哪裡，不要到哪裡」的念頭，這就是無我。

但是「無我」並不等於什麼都沒有，而是沒有煩惱的我，也沒有在乎自我價值、自我存在，或自我意義的我。因為沒有這些「我的」念頭，智慧和慈悲的功能才能完完全全、非常徹底、非常圓滿而普遍地運作，這就是「自我消融」，也才是自我真正的完成，也就是「真我」。

可是有人認為，如果到最後一切都無我了，不是很空虛嗎？其實，成佛以後，乃至於涅槃以後，智慧和慈悲永遠都在世間運作，而他的淨土也永遠都在十方世界推動，並且與他的本願本誓同在，也就是「動者恆動，靜者恆靜」；到了這樣的狀態，那是最徹底的「自我消融」，才能真正稱為「無我」，也才是自我成長的最終目的。

# 有什麼值得自誇的呢？

要想達到真我的層次，需要歷經自我肯定、自我成長和自我消融的歷程。其中的自我肯定，就是不由別人來肯定自己的成功或光榮、評斷自己的失敗或恥辱，而是從自己的內心觀照起，如此才能確實認識自我，進而達到自我肯定。

自我肯定的第一步是自我認識。認識自己是很重要的，如同作戰時都強調要「知己知彼，百戰百勝」，了解自己的訓練夠嗎？實力夠強嗎？後勁夠嗎？同時也要知道自己有多少缺點。所謂缺點就是自己的不足之處，包括性格上的、人際關係上的，以及自己是否能如實觀察現實環境。

很多人往往高估了自己，拚命強調自己的優點，用語言或表情誇大自己的優點，希望讓大家都知道。但卻忘記或刻意掩蓋自己的缺點，甚至從不去認識它、檢視它。這種人算不算肯定自己呢？

這種人是誇張的，也是虛偽的。然而虛偽的、誇張的人，比較容易受到社會的肯定和讚美，也比較容易博取名譽。因為多數人一時之間無法認識這個人，只能看到他外在的表現，不了解他的內心世界。

外在表現得自信滿滿的樣子，並不等於這個人真的就是如此，而且一個人如果還要靠他人的讚譽來肯定自己，那就表示他其實並不了解自己，更不用說肯定自己。所以被他人肯定，並不表示自己已經肯定自己；既然不能肯定自己，當然也談不上自我成長了。

了解自己除了知道自己的優缺點，也包括清楚知道自己究竟擁有多少資源；即使了解得很透徹，也還要打個折扣，因為你所能擁有的，不一定能夠支配、運用。明白這層限制，才是真正認識了自己。

一個人一旦知道自己的不足，一定會謙虛，雖然他對自己的能力打折扣，但並不等於自卑、沒有信心，而是他不自誇，確實知道自己能夠做到什麼程度。例如有人認為自己的能力可以走完十公里的路，但不會大肆宣揚，而是說：「請給我這個機會試試看，我會盡我的力來走，我相信我走得完。」

雖然他並不一定走得比別人快，但是只要盡心盡力，走完以後，就能知道自己真正的能力有多少、能夠發揮的有多少。經過這一番實證所得到的自我肯定，才是紮實的肯定，也才是真正的認識自我。

自我肯定之後，才能真正邁入自我成長的階段。知道自己有所不足，就會努力成長自己；如果犯了錯就應該認錯，然後努力修正自己的偏差；能夠改正自己的缺點，就是成長。

成長是永無止境的，雖然說：「活到老，學到老。」但我們的生命非常有限，所知、所能，包括體能、智能、資源也都十分有限。就算窮盡一生之力，專注在同一個方向、同一個領域之內學習，也很難盡善盡美。所以，還有什麼值得自誇的呢？

我們永遠要謙虛，永遠要知道自己是不足的、是有缺點的，那麼就永遠有進步的機會，也有成長的可能。

# 別不知不覺浪費了生命

要看清自己的缺點是很不容易的，大部分的人都認為自己沒有殺人放火，沒有做土匪強盜，當然是個好人，怎麼會有什麼缺點？

可是大家都沒發覺，自己在人前人後其實是有差異的。例如在利益交關時，心裡難免有親疏厚薄的分別；當別人發生事情時，也常常興起「莫管他人瓦上霜」的念頭，心裡會想：「這是人家的事，人家好是他家的事，人家壞我們也幫不了他的忙，管他去！」這種心態，究竟是好心呢？

還是壞心？

我們常常做了壞事，說了壞話，存了壞心，卻不知道自己已犯了過失。這是因為大家習以為常，沒有想到這樣其實是錯的。可是佛法裡的修行方法，像念佛、拜佛、打坐，還有誦經，都可以幫助我們了解自我，發現自己的缺點，並且更進一步肯定自我。而這些方法都是非常簡易，人人可做的。

透過念佛、打坐，我們比較容易看清自己的存心，當一個念頭出現時，我們會想：「這是對自己有利，還是不利？」「是對人有益，還是無益？」「是損人不利己，還是損己不利人？」像這些細微的念頭，均能一一判斷出來，並適時糾正自己。

我們平日常常不知不覺就把時間花在閒談、雜話、做無聊的事情上，這究竟是好還是不好呢？表面上看起來沒什麼不好，又沒有做壞事，只是無聊地說說、做做罷了。其實，這就是在浪費生命，不僅無益於自己的身心健康，對家庭、社會，對其他人也都沒有用。事實上，只要不好好運用自己的生命，不能物盡其用，發揮自己的能力，就是浪費生命，這本身就是一個壞事。

從正面積極的態度來看，我們不僅要消極地不做惡事，還要積極地努力做好事。信佛、學佛，可以藉由定課來訓練自己，譬如每天都要打坐、念佛、懺悔的人，如果有一天沒做到，就會覺得自己浪費了生命，十分不應該。這樣，你對自己才能夠肯定，你的自我也才能夠堅強起來，否則很容易陷入醉生夢死之中，成天悠悠忽忽、迷迷糊糊過日子。

也許你也認為醉生夢死沒什麼不好啊，反正生活不都是吃飯、睡覺嗎？但是你可曾想過：「別人吃了飯在做什麼？你吃了飯又在做什麼？」還有「別人睡覺以後在做什麼？你睡覺以後又在做什麼？」如果你連這些都沒有思考過的話，那就遑論了解自我了。

像這些問題，我們平常很少想到。但是如果你是一個經常反觀自心的人，會很容易注意到自己的問題，有哪些不應該做的你做了，或者應該做的你還沒有做。透過這些自省，你對自己會愈來愈清楚；如果又能逐漸地改善自己的缺失，你就會對自我愈來愈肯定，愈來愈有信心，愈來愈能夠指揮自己、掌握自己，這時候，自我的信心就建立起來了。

# 用慚愧和謙虛來消融自我

自我成長的最終目的，在於自我消融，如此才能達到智慧無邊、慈悲無邊，完全沒煩惱的境界。可是這樣的境界似乎只有佛菩薩才能達到，凡夫能做得到嗎？

的確，要做到「自我肯定」或「自我成長」，改變自己的觀念，發揮優點，改善缺點，就可以做到。但是「自我消融」就很不容易，因為自我是與生俱來、根深柢固的，怎麼消融得了呢？

而且一般人常常動不動就是「我」、「我」、「我」的，根本不知道何謂「無我」，而且還誤以為自我消融以後，就不用吃飯、不用睡覺、不需要賺錢、也不需要工作了，其實，這種想法與感受都是錯誤的。

另外，也有人認為：「無我或是自我消融之後，就是菩薩，就是佛，我們普通人怎麼可能成佛，那個層次太高了，我不想達到，我也達不到，想要成佛還早呢。」

一般人要成佛，當然要花很久的時間。凡夫做初發心菩薩還容易，要做大菩薩就很難了。大菩薩是證得無生法忍，且「動者恆動，靜者恆靜」——煩惱永遠靜止，慈悲和智慧永遠在運作。而這樣的境界，一般人能做得到嗎？

關於這個問題，我曾經請教一位長老：「佛的境界或大菩薩的境界，能不能夠解釋？能不能夠說明？能不能夠讓我們學習？」他回答說：「你不要做夢！」

想以凡夫的層次來了解佛的境界、佛菩薩的修行，這當然是在做夢！

但是我們也知道「雖不能至，心嚮往之」的話，也許現在我們還達不到，但是可以把它當成一個目標，一步一步前進，而且既然曾經有人能達到那個境地，那麼誰說我們做不到呢？

當然，要達到那個境地，需要預備階段，在這個階段裡，我們可以根據經典裡釋迦牟尼佛所提出的幾種方法，讓自己慢慢從「自我成長」過渡到「自我消融」。而方法原則其實很簡單，就是少一些自私心，多一些慈悲心；少一些煩惱心，多一些智慧心。當有情緒出現時，就要用觀念和方法來調整、疏導以及化解，而這個過程就是在「自我消融」了。

自我肯定的同時，一定也要自我消融。有的人常常不經意會表現出驕傲、自負的態度，但是聽聞佛法以後，懂得觀察和反省自己的缺點，就會有慚愧心，也會變得謙虛；而且想到自己些微的成果和貢獻，是由許多人共同促成的，有時是因為「時勢造英雄」，靠環境造成的，有時是因為有貴人幫忙才完成的，不全然是因為自己的因素。能夠這樣想，漸漸就會轉變自己的觀念，而不再老是覺得自己了不起，傲慢的態度和習氣，慢慢地就會轉變為謙虛和慚愧。如此，自我就能夠減少一點，自我也就消融一點了。

所以，自我消融是要可以用慚愧的心、謙虛的心，而一點一滴地完成。一開始從消融百分之零點零一就好，只要持之以恆地堅持下去，等到消融到百分之九九點九九九的時候，不就是大菩薩了嗎？

# 懺悔與負責任

「懺悔」是肯定自我非常重要的途徑。懺悔的意思是「承認錯誤」，但是承認錯誤之後，還要負起責任，準備接受這個錯誤所帶來的一切後果，這才是懺悔的功能。

根據佛經，懺悔有三種方法：第一是對自己的良心懺悔；第二是對我們所虧欠的人懺悔；第三則是當眾懺悔。在當下承認錯誤的同時，對自己負責，也對他人負責。

佛教徒通常是在佛前懺悔，因為我們很多時候往往不知道自己做錯了事，或是根本不知道錯在哪裡，所以會在佛前求懺悔，請佛菩薩為我們做證明。佛經指出，凡夫的起心動念，無不是業、無不是罪，因此無論我們如何客觀持平，都不免會犯錯。尤其我們的記憶總是很快就把錯的、壞的事情忘掉，或是不願想起，甚至於把錯誤合理化；但是對自己得意的事、對別人的貢獻，卻又記得牢牢的，而變得自傲自大不懂得謙虛心。所以無論知不知道、有沒有發現自己行為上的錯誤，我們都應該懺悔。

其實在我們一生之中，無意間對不起的人有很多很多，他很可能就是我們的父母、兄弟姊妹等最親近的親人；我們傷他們的心，讓他們受苦受難，而自己並不知道，甚至有時候讓人家受苦受難，心中還在幸災樂禍，說：「活該！希望他再更苦一點，這樣才能發洩我心中的不滿。」像這樣的心理，都應該要懺悔。如果我們平常能夠天天懺悔的話，我們的身心行為，就會愈來愈清淨。

如果做錯了事不懺悔會怎麼樣呢？佛教徒相信「罪有罪報，業有業報」，果報有好有壞，好的叫作「福報」，壞的叫作「業報」、「罪報」。如果不懺悔，我們受的苦難就會多些；如果懺悔，受的苦難就少些。

我們的家庭、事業、學業，甚至於健康，都免不了會產生種種的挫折、磨難。這些阻礙、不如意、不順心，其實都是我們過去在有意、無意間，所造的種種罪業，而形成的果報。但是許多人不理解這個觀念，一旦果報現前了，就覺得是老天沒有長眼睛，而埋怨：「像我這麼好的人，為什麼老天對我不公平？為什麼我會遇到這樣的事？簡直是沒有天理公義！」

甚至進一步會想：「天底下根本沒有天理、良心！既然人家對我這麼壞，憑什麼我要對人家好？」從此自暴自棄，出現報復的心態。這樣不僅害他人深陷苦難，也使自己再受一層煩惱所苦。所謂怨怨相報，無有盡期，真是苦上加苦、罪上加罪；如果還不懂得懺悔，想清楚問題的癥結，情況便會愈來愈嚴重。

如果不懺悔，就像欠債不還一樣，總有一天債主會逼上門來。尤其到過年的時候逼得更緊；試想看看，過年過節如果有債主上門逼債，不是很痛苦嗎？懺悔以後，無論有形、無形，無論債主是不是在我們面前，至少我們良心上的負擔已經減輕了。

可是懺悔以後，並不等於罪過就此一筆勾銷，而是「承認錯誤，願意承擔」的意思，是表示「欠你的錢我會慢慢地還，等我有錢的時候一定會還，而且會主動還」。而且懺悔並不是將所有的過失都推給佛菩薩來負責，如此是誤解了懺悔的真正意思，也不符合因果觀念。

不肯擔負責任，就不會改變自己，業力就永遠存在，這種假的懺悔並無法淨化內心；而且不懺悔改變，便無法真正肯定自己、接受自己。其實，只要肯接受「人是無法逃遁於自己的所作所為」的觀念，就會提醒自己少做一點錯事，這樣便能達到防非止惡的功用。所以懺悔之後，不是什麼事都沒有了，而是要更努力多做功德、多行布施，以積聚善緣。

懺悔並沒有什麼特別的儀式，只要至誠地表明懺悔業障、罪障的決心即可。另外，也可以念〈懺悔偈〉：「往昔所造諸惡業，皆由無始貪瞋癡，從身語意之所生，今對佛前求懺悔。」它的意思是：「由於我過去貪、瞋、癡的心理，造了種種的業，透過行為、語言和思想表現出來，傷害到人；現在我來到佛前真心懺悔，願佛菩薩給我做證明，證明我已經全部懺悔了。」

懺悔也可以用拜佛的方式，一邊拜一邊懺悔，一面念一面拜，或者是念完以後再拜。藉由無我的禮拜及〈懺悔偈〉的反思，就能毫無隱瞞地徹底承認錯誤，並增加擔負責任的勇氣，達到懺悔的功用。

# 永遠的功課

每個人對於自己的優缺點都必須有充分的了解，對自己的優點要謙虛，對自己的缺點則要改進，如此才能提昇自己，並邁入自我成長的階段。

俗語說「學無止境」，自我的成長與人品的提昇更是永遠的功課，不是即刻就能完成的。提昇的過程，可分為三個階段，第一階段是了解自己的缺點和優點，然後改進缺點，增長優點。事實上，人的缺點是永遠修正不完的，因此我們一定要進步到第二個階段，那就是不要過於擔心自己的缺點和優點。否則總是只看到自己，相對地便將會忽略其他人的感受。

因此，自我成長最好的辦法，應該是多為他人設想。所謂「知己知彼」，知道自己的優缺點以後，就要進一步了解他人。了解他人的目的並非要打敗他，或是與對方競爭，比較高下、勝負，而是為了要學習。我們可以先從自己周遭的人學習起，譬如一個家庭，如果丈夫能常常看到太太的優點，太太也能常常看到先生的優點；孩子常常看到父母的優點，父母也能常常看到孩子的優點。如此，這個家庭一定能互相尊重，也能互相學習成長。

也許有人會說：「跟孩子能學到什麼？」其實，從孩子身上可以學到很多。例如從孩子的表現，以及在處理孩子問題的過程當中，你會產生智慧和慈悲。從這個角度來看，孩子就是你的老師。

所以多發現並學習其他人的優點，便是成長自己的第三個階段。我們不僅要多發掘朋友或家人的優點，對於在不同場合所遇到的任何人，也都要把他們當成是我們學習的對象。

就如孔子「入太廟，每事問」，或是看到種田的人，會說「我不如老農」；連孔夫子都覺得他不知道的事情太多，這種精神是值得我們學習效法的。此外，「讀萬卷書，行萬里路」，因此我們生活環境中所有的人，乃至所有的事，所有的現象，都能讓我們學習。

對於別人的優點，我們要學習，但對於別人的缺點，我們既然已經知道，也不必假裝沒看到，更不可以故意把缺點講成優點，讓別人誤會，變得是非不分、沒有好壞標準，其結果一定是害己害人。

但是，有時我們所認為的缺點，在對方而言可能是引以為傲的部分，而他自己也覺得沒必要改進。此時，應該避免爭執，不要造成彼此的困擾。既然你認為那是缺點，就把它當成是借鏡，提醒自己不要像他一樣。當然，我們也可以委婉地提醒對方，並給予建議，但不要用指責的方式，也不要強迫他非改不可。如果對方不能接受，那就包容他；能包容他，也是自己的一種成長。

# 控制情緒而不壓抑情緒

有句話說：「泥人還有個土性。」意思是指，連泥塑的娃娃都有自己的脾氣，人怎麼可能沒有呢？所以，人會發脾氣、會鬧情緒，就被認為是一件理所當然的事了。

但是鬧情緒到底好不好呢？其實，情緒生起的時候，不是你有情緒，是情緒有你；不是你控制情緒，而是情緒控制你。

一般人之所以會有情緒的反應和起伏，往往是受到外在環境的刺激，有時是氣候等自然現象，有時是社會現象，有時則是人與人之間關係的問題。譬如有人怕聽見吵雜聲，所以當孩子哭鬧時，就很容易發脾氣或情緒不好，可是自己卻不自覺。就像是一池水，水面本來平靜無波，可是被風一吹，它就動了；如果我們也動不動就被外境的「風」吹得起情緒，這就表示自己的修養還不夠。

另外，有的人情緒特別多變，莫名其妙就變壞了；或是我們常說這個人脾氣不好，說這個人不知道哪根筋不對，其實很可能是因為生理的緣故，也不是他能控制的。例如因為身體的生理現象：痛、癢或內分泌失調，都會使情緒產生變化。

生理一旦出了問題，常常都會反應在我們的身上，有的反應在頭腦裡，有的反應在身體上。反應出來後，我們不自覺地就會情緒低落，或者情緒亢奮。這種反應，除非是有大修養的人，才有辦法控制。

比較嚴重的是，有些人因為身體的病變，影響所及，連性格都產生了變化。這是非常可憐的，因為他無法控制自己，最後甚至連精神都因此產生問題。現代醫學上有所謂的「心因性」病症，就是因為心理出了問題，反應到身體上；等到身體不舒服，又造成心理更不正常。所以，不能體察自己的情緒，不能控制自己的情緒，不只是心的問題，甚至會影響到身體的健康。

因此，我們要經常觀察、了解自己心理的反應是什麼，或是心理的活動狀況如何，是憤怒？貪欲？嫉妒？還是懷疑？或是莫名其妙的亢奮？或是憂愁沮喪？隨時注意自己的心理情形，在狀況輕微時，便可以及時加以控制。

怎麼控制呢？一個是用意志力來控制，不讓狀況擴大；一個便是轉移它。譬如知道自己要發脾氣了，就趕緊將身體放鬆、頭腦放鬆，也許唱唱歌，聽聽音樂，即使大聲吼叫也可以，只要不影響、不傷害自己和別人就好。先用方法來發洩情緒、轉移情緒，接下來再來處理或解決，但千萬不要壓抑。因為長期的壓抑，能量愈聚愈強，最後可能會像火山一樣，一旦爆發就會不可收拾。就像有些有修養的人，在公開場合或在他人的面前，雖然很能控制情緒，可是回家後，一見到家裡的人就爆發了。因為他不是控制情緒，而是在壓抑情緒。也許一時間能夠壓抑住，但最終總會發洩出來。

所以，在知道自己情緒不對時，要先想辦法放鬆，想辦法轉移。而控制情緒，最好的方法還是靠佛法，因為佛法講「無我」，連我都沒有時，哪還會有什麼情緒呢？

# 時時懷抱感恩的心

在自我修練的過程中，當我們達到「自我肯定」、「自我成長」之後，一定要做到「自我消融」，才算是真正的自我完成，否則很容易產生傲慢心。而其方法和自我成長、自我肯定完全不同，其重點是在於慚愧和懺悔心的生起。

如果有「慚愧心」，就會覺得自己做得不夠、努力不夠，沒有做到最好。而對自己所獲得的成就和成功生起慚愧心，就會慚愧自己得到的太多，付出的太少；回饋的太少，而接受的利益太多。

所以佛教徒在功德迴向時，總會特別提到要「上報四重恩」，意即要報國家、父母、三寶與眾生的恩。所謂國家恩，是指整體的社會，包含政府及全體人民，因為我們能安居樂業地生活，都是國家給的保障，故要報國家恩。而報父母恩，就是要想到父母生養我們的恩情。

至於三寶恩，是指佛法，佛法給我們的更多。但並非一定要看很多經典，或是上很多佛學的課程，才能得到佛法的好處。其實只要聽聞一句，甚至數句佛法，就可以轉變我們的人生觀，一生受用不盡。

我在十幾歲時，聽到佛法中講述如何把顛倒的觀念變成正念，我這才發現，一般的人都是用顛倒的方向看世界，之所以顛倒的原因，是因為自私心；如果我們不以自私心看世界，就不會煩惱，也不會自以為理所當然地向這個世界有所要求，生命中沒有過多的要求，便會過得很快樂。就是因為這樣的觀念，讓我一生受用不盡，因此我對三寶產生無限的感恩，而希望能永遠奉獻三寶。

另外，我們要感恩的是眾生。所謂的「眾生」，是指所有的人，包括我們生命中間接、直接接觸的人，乃至於古代及歷史上所有的人。

古往今來，有很多的人我們根本不認識，也許連名字都不知道，但是我們卻都受過他們的恩惠。為什麼這麼說呢？因為人類的歷史文化和文明，不是一個人就能發明成就的，而是過去許許多多人的智慧與努力，所累積的結晶，才能讓今日的我們坐享其成，對於這些我們都要感恩。

時時以感恩的心來過生活，「自我」就會消融。因為知道宇宙之大，個人實在是太渺小了，一個人所知、所能、所奉獻的，都是微不足道的，但反觀我們所接受的恩惠，卻太多、太大了。如果真的能如此自省、覺察，就是懂得自我消融，能生活在「自我消融」的狀態中，雖然我們現在還沒有成為菩薩、成為佛，至少傲慢心及自以為是的心，就不會那麼地強烈了。

此外，還有一種自我消融的方法就是懺悔，雖然說「人非聖賢，孰能無過」，但為了自己的自私自利，而傷害眾生或傷害人，就應該要懺悔。懺悔是表示知道自己的過失，非常對不起他人，而心中有所愧疚。懺悔之後，仍必須負起對他人的責任；也唯有負起責任，愧疚感才會減輕、減少。

其實，愧疚心的減少是為了讓自己安心，因為愧疚心就是痛苦的我，只有真正負起責任，痛苦才能減少；所以是在奉獻他人時，才知道並不是為了求回饋，而是為了報答別人讓我們有機會減輕痛苦的恩。

奉獻他人是為了報恩，懺悔是為了改進自己，如此，我們的自我中心自然而然會愈來愈少。自我中心愈少，智慧就會增長，慈悲心也會愈增加，煩惱也就愈少，過失也就愈少。雖然還沒有到達成佛的境界，但是如果能持之以恆，一點一滴地慢慢增加、慢慢提昇，當提昇到「動者恆動，靜者恆靜」的境界自然出現時，便是煩惱永遠不動、智慧永遠不停、慈悲永遠不止了！

國家圖書館出版品預行編目資料

找回自己 / 聖嚴法師著. -- 三版. -- 臺北市 : 法鼓文化, 2023.02
面; 公分
ISBN 978-957-598-980-4 ( 平裝 )

1.CST: 佛教說法

225.4　　111020406

人間淨土 11

# 找回自己

Finding Way Home

著者　聖嚴法師
出版　法鼓文化

總審訂　釋果毅
總監　釋果賢
總編輯　陳重光
編輯　李金瑛、李書儀
封面設計　化外設計
內頁美編　胡琡珮
地址　臺北市北投區公館路 186 號 5 樓
電話　(02)2893-4646
傳真　(02)2896-0731
網址　http://www.ddc.com.tw
E-mail　market@ddc.com.tw
讀者服務專線　(02)2896-1600
初版一刷　2005 年 2 月
三版二刷　2024 年 1 月
建議售價　新臺幣 200 元
郵撥帳號　50013371
戶名　財團法人法鼓山文教基金會 — 法鼓文化
北美經銷處　紐約東初禪寺
Chan Meditation Center (New York, USA)
Tel: (718) 592-6593　E-mail: chancenter@gmail.com



法鼓文化

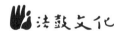